LOVE AND ROOTS

Dominic Morissette

(Troubadoum)

Love and Roots

Titre original : *Amour et Souches*

Éditions Dominic Morissette, 2016

ISBN : 978-2-9814448-1-3

troubadoum@yahoo.com
domo2000us@yahoo.com

Dépôt légal -Bibliothèque et Archives nationales du Québec, 2016
Dépôt légal -Bibliothèque et Archives Canada, 2016

La passion et la raison, un équilibre si fragile…

1

L'amour nous mène toujours quelque part. À un certain moment de ma vie, en l'an 2012, celui-ci m'a conduit sur la route 117, en direction de l'Abitibi, ma terre natale. Cela faisait déjà un moment que tout était planifié. Nos vacances étaient tombées pile en même temps, ma copine et moi. L'essence avait chuté à son plus bas prix depuis des mois. De plus, il faisait un temps tropical sur presque toute la province. Bref, dans de telles conditions, nous partîmes sans hésiter, excités à l'idée de camper sur le bord des lacs et rivières, ceints d'épaisses forêts de conifères riches en moustiques.

Les fenêtres de la voiture laissaient passer l'allégresse du soleil pendant que Mathilde franchissait les derniers kilomètres. Je n'étais pas très enthousiaste à l'idée de lui prêter le volant; j'ai toujours eu le sentiment de garder le contrôle sur ma vie en conduisant. Mathilde le savait, raison pour laquelle elle avait tant insisté pour qu'on change de siège, lors de notre premier arrêt, à Trois-Rivières. Elle voulait sans doute me tester, voir à quel point je lui faisais confiance — comportement typique d'un couple passionné. Je la regardais changer les vitesses avec adresse; elle dépassait tout sur la route. Je stressais. Mon pauvre cœur battait jusque dans mes tempes. J'entendais les BOUMBOUM! BOUMBOUM! dès qu'elle accélérait un peu, pensant respirer l'odeur de cuirette fraîche de mon précieux bolide pour la dernière fois. Normalement, je n'aurais pas bougé du côté conducteur avant d'avoir fait tourner le compteur à mille kilomètres, par simple superstition. La raison en est fort simple : il m'est arrivé à deux reprises de perdre des véhicules tout juste sortis de chez le concessionnaire. La première fois, c'est mon père qui conduisait. Puisqu'il m'avait endossé pour le prêt, je lui avais fièrement remis les clefs avec un : « À toi l'honneur! », d'une voix qui laissait entendre l'inestimable faveur. Camionneur depuis trente ans, jamais je n'avais douté de sa conduite, jusqu'à ce jour. En sortant de chez Toyota Ste-Foy, il a percuté une voiture à l'intersection du boulevard Fervent Nord et de l'avenue Lemoine-Scott. Il avait effectué un virage à droite sur un feu rouge, sans regarder à gauche et BANG! au premier kilomètre entamé. Scénario pratiquement identique chez Lévis Honda l'année suivante. La seule différence, c'était un ami à moi qui conduisait cette fois-là. « Jamais plus je ne prêterai mon nouveau véhicule avant d'atteindre mille kilomètres », me suis-je dit.

Un mauvais sort m'accablait assurément. Ce jour-là encore, j'avais peur que la vie me teste, de n'être qu'au début d'une longue série d'impitoyables tribulations. Un affreux pressentiment — semblable à celui que j'avais éprouvé lors de ces accidents — me serrait la poitrine. Pourtant, nous étions heureux… si heureux de nous évader chez les barbares du nord que j'estimai qu'il valait mieux en faire fi; je refusais de me laisser influencer par mon intuition. Rien ne pouvait me faire rebrousser chemin. Rouyn-Noranda nous attendait!

Mathilde et moi formions un couple uni depuis une décennie pendant laquelle tout nous avait souri. Ma vie était synonyme de réussite, parfaite, sans embûches. Je venais tout juste de décrocher le gros lot : une permanence de jour aux urgences de l'Hôtel-Dieu, là où je désirais travailler plus que partout ailleurs. Enfin, j'avais une réputation, un bon salaire, des objectifs et une vie à laquelle m'accrocher. Mes rêves devenaient soudainement réalité, un à un, ce qui suffisait à me faire oublier mes années de misères. *De sky iz de limit*, ai-je répété à mes amis comme un leitmotiv, d'un anglais à l'accent ridicule, cependant assuré de leur respect.

J'avais d'abord réglé ma dette étudiante pour ensuite acheter un luxueux condo avec vue sur le fleuve tout près du Château Frontenac, lieu vénéré des gens de notre classe. Je m'enivrais chaque matin de cette splendide vue, soliloquant devant la fenêtre principale avec un bon café en main. J'étais fier. Mon égo gonflait à vue d'œil. Je n'étais plus le petit Danny d'autrefois, sans plans précis pour l'avenir. J'entrais dans une toute nouvelle ère. Je convoitais, j'achetais, j'accumulais… j'étais devenu un consommateur à l'esprit capitaliste. Le monde entier devait voir le succès que j'avais atteint; c'était un *must*!

Amis, famille, et collègues me jalousaient. Contrairement à eux, j'étais prêt à jouer ma chance. Dès que j'avais un peu d'économies, je m'amusais à acheter des actions, qui, pour la plupart du temps, s'effondraient rapidement. J'adorais jouer à la bourse, même si j'y perdais plus souvent qu'autrement et que ma compréhension s'en trouvait limitée. La seule pensée que tout mon argent puisse disparaître ou alors fructifier en un rien de temps me donnait l'impression d'exister, comme si je sculptais mon destin, tâche qui revient d'ordinaire au Grand Manitou. J'aimais le risque. Je l'aime d'ailleurs encore! Ces instants de suspense, parfois insoutenables, dictent ma vie. Bien évidemment, je suis plus friand de raconter mes bons coups. Quoiqu'il ne faut pas oublier les mauvais, pour éviter de les répéter, ou du moins, de le faire en pleine conscience. Comme cette fois où j'ai misé gros sur cette compagnie de logiciels de merde : Logitech. J'avais déjà perdu assez d'argent avec CGI, une autre entreprise du même genre. Les actions — achetées à 40$ sans dividende —, oscillèrent entre 38$ et 45$ pour enfin chuter à 20$, et ce, au moment où j'avais grandement besoin de liquidité. J'ai dû vendre au plus bas taux de l'année et je perdis ainsi 50% de mon investissement.

« Fini! J'en n'achèterai jamais plus des titres comme ça », m'étais-je promis.

Deux semaines suivant ma perte de gain avec CGI, j'ai acheté des actions avec Logitech, pour un maximum. Le même scénario se répéta. Mais cette fois-là, je perdis davantage lors de la vente. Quelle dégringolade! C'était atroce de voir tous ces chiffres tourner au rouge. Au total, plus de 25 000$ s'étaient évaporés. J'étais dévasté! Je pensais sérieusement à tout arrêter, mais j'en étais incapable. C'était maladif! Le jeu m'amusait, même si je me ruinais à petit feu. Quoi qu'il en soit, ma patience — ou peut-être bien mon acharnement à vouloir rebondir dans ces moments désespérés — m'apporta enfin une dose de récompense : un de mes titres a bondi en flèche, et pas à peu près! Ce fut assez pour combler les pertes des précédentes actions, verser mon vingt pour cent et rembourser toutes mes dettes. Ce jour de chance avait élevé mon amour-propre à son apogée. Je faisais désormais partie de la classe des gagnants, de ceux dont le destin est enclin à la réussite, peu importe les décisions prises.

Le son pénétrant de mon Ford Mustang dominait la nature des environs de Dubuisson, là où nous étions rendus. J'avais cette envie d'uriner depuis Mont-Laurier. Néanmoins, Mathilde contrôlait nos arrêts et les repoussait sans cesse malgré mon insistance, prétendant qu'on accuserait du retard sur l'itinéraire. C'était bien la nouvelle Mathilde! Madame *by the book*, respectant les règles du jeu à la perfection, s'en tenant toujours à un horaire contraignant. Dire qu'on s'arrêtait jadis pour faire l'amour dans les toilettes des stations-services; on était loin de là! Sa personnalité avait bien changé, surtout depuis qu'elle s'était mise en tête de décrocher la distinction d'avocate émérite. Son père était une sommité dans le domaine juridique, maintenant à la retraite, qui avait lui-même reçu le titre convoité. Il avait endoctriné sa fille, avec tous les jeunes avocats de son cabinet, persuadé que Mathilde serait la prochaine à recevoir l'Advocatus Emeritus. Au dire de ses collègues, elle était bien en route pour l'obtenir avec ses plus récents succès : commissions d'enquête, procès vedettes, entrevues télévisées et radiophoniques, conférences, publications sur le droit... Bref, le succès lui gonflait l'égo, elle aussi. J'irais jusqu'à dire que dans sa profession, elle se comportait comme si seules les femmes étaient prédisposées à rendre le monde meilleur : une Femen dans l'âme!

Notre amour était passionnel, à risque d'une durée limitée. N'empêche que dix années avaient filé d'un seul trait, années pendant lesquelles nous avons vécu d'innombrables chicanes, et pourtant, nous étions toujours ensemble. Tricheries, mensonges, insultes, claques, ruptures, scènes de téléromans... N'en déplaise à nos proches, nous étions faits pour évoluer ensemble... nos cœurs vibraient! Bon, d'accord, j'avoue qu'elle m'énervait parfois, surtout quand on discutait politique et qu'on partageait nos opinions sur l'état du monde. Du moins, on en venait toujours à la même conclusion : ce monde est malade... grave! Et je n'ai toujours pas changé d'avis, mais nous étions au début de la trentaine, d'un âge où le temps a une tout autre dimension; nous disposions d'encore plusieurs années pour combattre la bêtise humaine.

— Hey, Mati, j'ai vraiment envie là. Faut s'arrêter.

Elle s'en tint à sa tactique habituelle : le silence. Mais là, j'en avais ras le bol!

— Écoute, vingt minutes pour une pause pipi et on repart. Ça va raccourcir nos vacances pour autant.
— T'avais juste à pas boire autant, me lança-t-elle avec son petit air pincé d'avocate.

J'avais l'intention de demeurer calme, me répétant que ce n'était pas le moment de nous disputer pour si peu. Nous étions presque rendus à destination. Nul doute qu'elle était très fatiguée, elle qui n'était pas habituée à conduire plus loin qu'au IGA du quartier. J'essayais de passer l'éponge, d'oublier cette désagréable réplique, mais rien à faire : celle-ci résonnait continûment dans ma tête, tel un mauvais disque qui saute. Ça m'exaspérait royalement! « J'aurais dû rester derrière le volant », pensai-je à ce moment précis. Mais voilà! J'avais accepté de le lui prêter. Le rythme du voyage était depuis entre ses mains.

— S'il te plaît, fais pas chier. Pourquoi t'es toujours aussi stricte?

Je l'avais échappé. Mais en même temps, je crois que nous étions mûrs pour une bonne dispute, vu la frustration des derniers jours.

Mathilde me regarda froidement, comme si elle se remplissait l'esprit d'images hostiles.

— Tu dois êtes tanné que j'te fasse chier!
— Un peu, oui!

C'était le calme avant la tempête. À cet instant, comme un mauvais présage, les nuages s'amoncelèrent dans un ciel grenat, pourtant clair jusque-là. Un vent violent secoua soudain la voiture et amena tout un tas de débris sur la route. S'ensuivit une fine pluie qui se changea rapidement en averse. Le champ de vision devenait de plus en plus limité, jusqu'à rendre la route presque inapparente. Mathilde prit peur. Je voyais ses mains trembler sur le volant. D'ordinaire, j'aurais proposé de reprendre mon rôle de conducteur, mais par orgueil, je n'en fis rien. La raison était fort simple : j'y voyais un avantage puisqu'elle devrait rester concentrée sur la route pour éviter que l'on prenne le fossé. Ses attaques seraient ainsi limitées. Mais, au contraire, elle canalisa l'énergie de son désespoir et devint plus agressive.

— Tu devrais pas rester avec une fille qui t'fait chier. Y'a juste un dépendant affectif qui peut tolérer ça.
— ... Et y'a juste une dépendante affective qui peut tolérer un gars comme moi. Non?

Voilà! Le bal des insultes était ouvert. Les échanges étaient plus enflammés qu'à l'habitude, comme si une haine prenait réellement racine. Nous étions tous deux sur la défensive, à énumérer les défauts l'un de l'autre. Une bonne engueulade, digne d'un mauvais feuilleton. Si bien que je n'espérais point de sexe post-chicane, comme notre routine m'y avait habitué. Non! Pas question. Pas cette fois-ci. Pas de : « Ah! Oui c'est bon » et puis on oublie tout jusqu'à la prochaine fois.

Les kilomètres passaient sous une chaleur amollissante qui nous collait les vêtements à la peau. Toujours est-il que la chicane persistait. Seulement, à ce stade, je n'avais plus souvenir de son origine. L'ambiance, aussi excitante avait-elle été en quittant Québec, était maintenant déprimante.

« Finis la joie et l'allégresse. Nos vacances sont foutues! Encore chanceux qu'on n'ait pas tout annulé », pensai-je, exaspéré par la tournure des événements.

Dans un élan de frustration, Mathilde se mit à vitupérer contre les hommes, allant jusqu'à dire que s'il n'en tenait qu'à elle, les violeurs se feraient castrer, pensant sans doute à toutes ces sentences bonbons qu'elle voyait passer au tribunal. Les arguments soutenant que « les hommes sont tous des salauds » affluèrent : la guerre des sexes venait de commencer!

— Moi, au moins, j'ai toujours été franche. Pas comme toi.

Elle avait raison. Je ne lui avais pas avoué toutes mes histoires de cul.

— Les règles sont toujours selon ta convenance. C'est ça le problème!
— Raison pour les outrepasser?
— Peut-être, oui!
— Chose que tu as osé faire?

Ce fut la crise quand je lui annonçai spontanément la coucherie que j'avais eue avec sa cousine, juste avant de partir pour cette odyssée. Je tentai de la convaincre que j'avais agi sous le coup d'une impulsion sexuelle plus forte que la raison. J'avais osé toucher à quelque chose de sacré, sa famille, au moment même où notre couple traversait une étape difficile. Pourtant, nos rapports sexuels étaient encore fréquents et satisfaisants. Ils avaient cependant pris une tournure débridée, surtout au cours de la dernière année, ouvrant ainsi toutes grandes les portes de notre imaginaire. Il nous arrivait depuis de nous adonner à des aventures extraconjugales : des trips assez *hard*! On s'aimait toujours. Seulement, on s'abandonnait de plus en plus librement à nos pulsions charnelles, parfois ensemble, parfois séparément. La seule règle était de s'en parler avant d'entreprendre quoi que ce soit, et je ne l'avais pas toujours respectée — la désobéissance conjugale finit toujours par nous rattraper!

— T'es vraiment minable, Danny Beaulieu... Coucher avec ma cousine! J'méritais-tu vraiment ça?

En douze ans de vie commune, jamais au grand jour, je ne l'avais vue pleurer avec une telle intensité. Elle déversait une rivière de larmes, sanglotait, m'insultait, criait son désespoir pendant que je restais silencieux, à tout encaisser. Puis, tout à coup, elle fut prise d'un fou rire nerveux. Elle se ressaisit et prononça ces deux mots; deux petits mots qui vinrent chavirer toute mon existence : « J'te quitte. »

Elle semblait calme, sereine, comme délivrée d'un lourd fardeau. J'étais ahuri, incapable de prononcer la moindre parole. Mathilde, me laisser, après ce long chemin parcouru... après tous ces efforts, toute cette résistance... Nous partagions le même combat, la même révolte intérieure. Nous avions manifesté, défié les autorités ensemble. Nous nous étions juré de nous battre contre l'austérité tant qu'on vivrait : deux philosophes sensualistes de bon ton, parés pour la révolution. Idéalistes, rêveurs, engagés, passionnés... les apôtres de la liberté que nous étions mordaient à fond dans la vie. Mais ça, c'était pendant les belles années, au tout début de notre relation, au temps où l'on vivait sans soucis du lendemain, sans quelconques préoccupations financières. Chaque moment était si magique, si pleinement savouré. Rien ni personne ne pouvait nous arracher ce parfait bonheur; la rupture m'apparaissait impossible! Toutefois — comme c'est souvent le cas — l'abondance et le confort matériel finirent par affecter notre raisonnement. Une carrière, un condo, deux autos, des bébelles sur lesquelles on se colle à l'écran pendant des heures... Le monde, après toutes ces années, ne nous paraissait plus aussi mal en point. Peut-être étions-nous dégoûtés de notre mode de vie de plus en plus bourgeois?

— Mati... t'es sérieuse, là?

Elle me regarda, sans expression, sans mot.

Et puis, soudainement :

— J'retourne à Québec.
— Ben oui, tu vas faire comment?

Provoquée par mon ton narquois, elle ralentit et stoppa la voiture sur l'accotement. La portière émit un grincement métallique suivi d'un claquement brutal. Les yeux tristes, elle me jeta sa bague de fiançailles — fraîchement offerte — en plein visage; sans conteste la pire des douleurs qu'il m'ait été donné de ressentir. Je sortis aussitôt pour mettre un terme à cette folie qui risquait de tout détruire.

— Mathilde, attends!

Un véhicule approchait en sens inverse. Elle courut pour traverser la route et leva le pouce. C'était sa chance de rentrer à la maison. Le chauffeur de la fourgonnette noire activa son clignotant et s'arrêta. Je regardais la scène, hypnotisé par cet incroyable synchronisme. Elle monta à bord, sans même me jeter un regard. J'avais peut-être encore le temps de me précipiter de l'autre côté. Ah, lui dire combien je regrettais... je l'aimais tant. Mais je réfléchissais, espérant trouver les bons mots, ceux qui la ramèneraient vers moi. Quand je courus pour la rattraper, la fourgonnette avait déjà repris sa route et disparut dans ce qui était désormais un torrent pluvieux s'amalgamant à mes larmes.

De retour chez nous, elle n'y était pas. J'espérais au moins un message sur la boîte vocale, mais rien. Aucun signe d'elle! Du moins, ses affaires étaient toujours là. L'espoir de la voir apparaître comme par magie sur le seuil de la porte, de retour d'une mésaventure pendant laquelle elle aurait réalisé combien je lui avais manqué, me gagna d'un seul coup. À ce moment, dans ma tête, tout était encore possible. Je me réconfortais en respirant ses vêtements sales, imprégnés de son odeur, me disant qu'elle reviendrait vite. Je comptais rester enfermé entre quatre murs à l'attendre, pendant des semaines si nécessaire. Pas question de la manquer! Elle n'osera plus me quitter, pas en lui exprimant mes regrets le plus sincèrement du monde.

« Bonjour, Monsieur Beaulieu, inspecteur Gingras. Puis-je vous poser quelques questions? »

Il n'a pas eu besoin d'en rajouter pour que j'éclate en sanglots. J'avais compris! Quelque chose était arrivée à Mathilde. Sur le coup, j'ai imaginé qu'il m'annoncerait sa mort. Une mort idiote, sans mystère, causé par un chauffeur téméraire au passé criminel stupéfiant. J'allais entretenir une haine des plus hostile pour supplanter le regret et m'aider à surmonter le deuil, jusqu'à ce que justice soit faite, à défaut de me venger.

« Quand l'avez-vous vue pour la dernière fois? »

La question fit ressurgir toute la scène dans ma tête. Une scène, aussi brusque qu'imprévue, qui allait déclencher la fin d'une première vie à laquelle j'étais pourtant si attachée. Cette fourgonnette noire était dans ma tête, et pour y rester de longues années. Comme l'ange de la mort, elle m'avait enlevé mon âme sœur, comme elle enlève parfois la vie à ceux qui ne la méritent pas. Mathilde... Si seulement j'avais su...

C'est la dernière image que j'ai conservée d'elle.

***

Québec, été 2025. La disparition de Mathilde me hante encore, pareil au premier jour. Elle vit dans ma tête, depuis treize ans déjà. Il n'y a pas un seul soir où je ne rêve pas d'elle. Je la caresse, je lui parle, parfois même, on fait l'amour; j'aimerais, en ces moments-là, demeurer à tout jamais endormi. J'arrive à imaginer son visage et à le reproduire avec une ressemblance frappante. J'ai développé une passion pour le portrait. Je la dessine tout le temps, sans arrêt. Nul besoin de photos. Je ferme les yeux et je vois parfaitement les détails de son visage oblong, recouvert de taches de rousseur, doté de lèvres en forme de cœur. Mais plus que tout, ce sont ses yeux bleu azur qui me manquent. Dieu d'amour, ses yeux… un profond océan bleu cristal, rempli de douceurs, dans lequel je me noyais chaque fois que nos regards se croisaient. Elle me manque terriblement.

Dans ma tête, Mathilde a toujours trente ans. Je l'imagine encore aussi belle et attirante. N'empêche qu'après tout ce temps, je présume qu'elle aurait vieilli un peu. Dans mon cas, c'est arrivé trop vite… beaucoup trop vite — le beau Dan, qui faisait autrefois l'envie des joliesses de ce monde, a perdu la cote. Mon visage, terne et fatigué, est sillonné de profondes rides et parsemé de poils grisonnants. La métamorphose serait incomplète sans la marée de front qui monte sur mon crâne : je suis devenu complètement chauve! Le deuil de mes belles années n'est pas facile à faire, surtout avec la belle gueule que j'avais. Au revoir fermeté! Mon corps s'affaisse graduellement avec le temps, me rappelle chaque jour le combat contre la gravité dans lequel nous sommes tous engagés, depuis notre naissance.

À quarante-trois ans, j'ai l'apparence d'un quinquagénaire usé par la vie. Le travail m'a abîmé. L'Hôtel-Dieu s'est très vite révélé un hôtel odieux, où le stress, dû aux heures supplémentaires et obligatoires, a largement contribué à mon vieillissement précoce. Sans compter que je vis incessamment dans la culpabilité, et ce, depuis treize ans. J'ai tiré ma révérence en me suicidant... socialement. Le goût de vivre m'habite encore. Seulement, j'ai perdu tout intérêt pour l'argent et les projets d'envergure. Disons-le ainsi : j'ai décroché! Travailler pour assurer la pérennité d'une structure corrompue? Voyons donc! Seuls les gens qui baignent dans l'opulence peuvent consentir à ça et ce n'est plus mon cas. Je suis redevenu cet « autre » que j'étais au tout début de ma rencontre avec Mathilde : un indigné en quête d'une révolte sociale, et j'aime ça. Quelle satisfaction d'être un citoyen sans responsabilités qui ne va même pas voter. Quel bonheur d'avoir la liberté de se lever à toute heure du jour, sans préoccupations, s'opposant à tout courant de pensée, surtout à ceux des dirigeants sans scrupules et avides de pouvoir.

J'ai toujours mon précieux Ford Mustang; l'unique vestige de ma courte ascension sociale. Malgré son kilométrage élevé, sa tenue de route est remarquable. Du reste, je m'en fous. Seul le moment présent m'importe. J'ai vendu mon condo, mes meubles, mes actions, vidé mes comptes d'épargne et j'ai joué le tout au poker. Cent quatre-vingt mille dollars dilapidés en moins de trois ans, et ce, uniquement parce que j'ai gagné quand même un peu. Mes problèmes de jeux sont apparus seulement quelques mois après la disparition de Mathilde, suivis de l'alcoolisme et de la toxicomanie. Aujourd'hui, ma vie est dépourvue de sens, sans repères et, surtout, sans soucis : un naufragé qui vit en marge d'une société individualiste. Le comble du bonheur : foutre le camp à chaque premier du mois, près d'un lac ou d'une rivière, canne à pêche et bière à la main. En matière de B.S., je pousse quand même l'hédonisme à son maximum.

Dehors, au carré D'Youville, les touristes s'émerveillent devant le décor de la cité et l'architecture des remparts. Comme chaque été, des meutes entières de jeunes étudiants anglophones prennent d'assaut les rues du Vieux-Québec, fascinés à l'idée d'une liberté d'expression dont ils rêvent, le courant éducatif les contraignant à des préceptes de vie dangereusement simplistes qui entravent leur créativité. Ils observent les *skateux* exécuter leurs spectaculaires sauts en vrilles au-dessus des bancs. Les yeux écarquillés, ils applaudissent à chacune des figures. *God Save the Queen* rugit d'un vieux radiocassette à la taille démesurée dont le son laisse à désirer. Pour couronner le tout, une gang en BMX se joint spontanément au spectacle et démontre son savoir-faire par d'habiles manœuvres *freestyle*, plus étourdissantes les unes que les autres.

Dès les premières neiges, le terrain de jeux estival des marginaux cède la place aux patineurs novices, habitués aux chutes du mercure sous zéro. L'ambiance désinvolte de la saison chaude s'endort sous la froidure et se pare d'un calme romantique...

***

L'hiver 2000 restera gravé dans ma mémoire à tout jamais. J'étais fraîchement arrivé de la capitale du cuivre pour venir habiter la Capitale-Nationale : tout un changement! À dix-huit ans, je n'avais rien vu d'autre que Rouyn-Noranda et ses environs. « Enfin, la vraie vie commence », me répétais-je au début de ma technique infirmière. Le Cégep Limoilou répondait amplement à mes attentes. Je me retrouvais dans un univers ludique, avec une tonne de filles séduisantes, prêtes à m'initier aux plaisirs de la vie, surtout ceux qu'on n'oublie pas! Je m'étais fait des amis fidèles, avec qui partager mon évolution de jeune gars, m'instruisant de l'essentiel pour survivre à la mésintelligence du monde compétitif des adultes. Que de bons souvenirs!

— Salut, patines-tu? m'avait-elle tout simplement demandé en me voyant seul sur le banc.
— Non, mais tu m'donnes le goût.
— Tu viens d'où?
— Rouyn-Noranda.

Et Bingo! Mes origines abitibiennes avaient piqué sa curiosité et nous avions amorcé une longue conversation. J'ai tout de suite su qu'elle donnerait un sens à mon existence. Je n'avais même pas encore vu ses somptueuses formes, cachées sous son épais manteau, que mon cœur battait déjà. Elle s'en apercevait. Ça n'a pas été long qu'elle m'a lancé une invitation. J'ai accepté, sans hésiter, et je l'ai suivie chez elle. J'étais un peu mal à l'aise en passant la porte, mais elle m'offrit tout de suite un verre pour calmer ma nervosité. Une fois plus décontractés, nous nous sommes régalés d'une cuisine végétarienne fortement épicée, avons discuté politique, et, sans comprendre la suite logique des choses, avons fini la soirée sur son lit, enlacés comme deux serpents. Dominé par mes pulsions, j'ai tenté de l'embrasser en lui empoignant fermement les fesses. Mon mouvement brusque et maladroit a bêtement mené à l'entrechoquement de nos dents. Quel crétin! J'étais dans l'embarras. Mathilde devina que j'étais puceau, excitée à l'idée d'être la première. Elle me mettait à l'aise et j'ai tout de suite su que je pouvais lui faire confiance : elle n'allait pas se moquer de moi.

Elle le voulait, moi aussi. J'ai commencé à lui flatter timidement la poitrine par-dessus son linge moulant. Elle prit cependant ma main et la plongea d'un seul coup sous son soutien-gorge. Pris d'un tremblement nerveux, je tâtais ses petits seins fermes sans la moindre assurance, mais ce ne fut pas long qu'elle prît le contrôle, guidée par un désir ardent duquel allaient s'échapper les paroles les plus convaincantes jamais entendues de ma vie :

« T'attends quoi là? Prends-moi! »

Promptement à nu, j'étais excité et nerveux à la fois. Mon organe veiné tressaillait vivement de haut en bas, comme s'il me donnait son approbation : « Oui! Vas-y Danny, c'est la parfaite mortaise pour un tenon de ma taille! » Un pareil hochement de gland ne pouvait faire autrement qu'attirer son regard bleu sur ma queue. Elle contempla mon érection avec un sourire félin, fier de l'effet qu'elle me faisait. La déception s'ensuivit cependant rapidement : je jouis comme un con dès qu'elle me la toucha, imprégnant ses draps d'une abondante semence. Embarrassé, mais loin de tirer ma révérence, je me repris par deux fois, plus convaincantes, diversifiant les positions et augmentant toujours un peu plus le niveau d'intensité; je regagnai vite en confiance. J'étais prêt à tout pour me forger une réputation et satisfaire les pulsions sexuelles de cette fille audacieuse à la libido contagieuse. Plus elle en demandait, plus je performais.

« Baise-moi fort! Haaaa! Ouiiii, c'est bon… vas-y à fond. »

J'explorais les plaisirs de la chair dans sa totalité, savourant tous ses aspects. Des frissons d'excitation me traversaient le corps à chaque coup de bassin que je lui prodiguais, d'un va-et-vient bruyant et constant. La secousse faisait craquer le plancher et couiner le vieux matelas malodorant, incapable de supporter l'assaut de notre folie passionnelle — le sommier finit par succomber à la toute fin. Quelle extase! Quelle félicité! C'était le début de ma vie sexuelle, mais aussi le début d'une relation qui allait durer douze ans. Qui l'eut cru?

***

— Hey, Danny Boy! ça fait longtemps...
— Dean Tremblay! Ça alors... ça va vieux chum?
— Pas pire pantoute. Quossé tu fais d'bon?

Bordel! Cette question me tue à chaque fois. J'ignore quelle réponse serait la plus sensée pour un spécimen de ma sorte.

— Ben... que dire... Ah oui! j'ai changé d'emploi. J'suis travailleur autonome astheure.
— Ah bon! Dans quoi?
— J'travaille sur moi-même!

Il se met à rire avant d'ajouter :

— T'as pas changé! Toujours aussi drôle et spontané.
— Tu magouilles encore de quoi, toi. Pas vrai?

Je le connais depuis des années; lui aussi n'a certainement pas changé! L'appât du gain facile est une emprise, un cercle vicieux à l'intérieur duquel gravite un monde obscur dont peu d'initiés réussissent à fuir. Dean n'y fait pas exception : c'est un voyou, qui, plus d'une fois, a terminé la soirée à l'urgence de l'Hôtel-Dieu le visage ensanglanté. Sa soif de régner lui a valu de nombreuses bagarres, ainsi qu'une réputation de dure à cuire sur laquelle il a bâti sa fierté.

Grand parleur aux ambitions insolites, il s'est souvent retrouvé dans le pétrin en tentant des affaires louches, principalement des histoires de vols et de collectes de dettes. Dommage pour lui, car son vrai talent était la boxe. Tout le monde vous le dira : Dean Tremblay était prédestiné à un brillant avenir sur le ring. Malheureusement, ses vices ont eu raison de lui, surtout la drogue; le cliché bien connu et maintes fois répété chez ces athlètes professionnels. Mère absente, père alcoolique, milieu pauvre et violent... tous les éléments étaient là pour entraver sa réussite. La boxe était sa seule porte de sortie. Trop tard maintenant! Une consommation constante et prolongée lui a pompé toute ambition et a fini par tout gâcher. De larges cicatrices aux arcades sourcilières ainsi qu'un nez épaté rappellent son destin déchu, aussi cruel qu'inattendu. N'empêche, Dean est un bon gars, loyal sur toute la ligne, et je le respecte pour ce qu'il est, non pas pour ce qu'il fait.

— J'ai du bon *hasch* à passer, me lance-t-il en replaçant sa longue chevelure derrière sa nuque.

Il sort sans discrétion un sachet de sa poche et me le passe sous le nez, en plein carré D'Youville, devant les passants.

— Tabarnak Dean! J'suis sûr qu'on m'surveille encore.
— Tu paranoïes un peu trop là. Ça va faire treize ans qu'Mathilde a disparu.
— J'reste quand même le suspect numéro un.

Il remet immédiatement son stock dans sa poche avant d'ajouter :

— Désolé, t'as ben raison.
— Tu changeras jamais toi, espèce de *bum*.

Ma franchise ne le dérange pas. Bien au contraire, il me respecte en partie grâce à ça. Je suis le seul qui peut se permettre de lui parler sur ce ton.

— Au fait, j'ai un service à te demander. Mais un service payant.
— Vas-y pour voir.
— J'ai besoin d'un *lift* jusqu'à Rouyn-Noranda.
— Pour?
— Pour vendre le hasch que t'as vu... en grande quantité.

— Oublie ça!
— J'te donne cinq cents dollars maintenant et cinq cents en arrivant là-bas.

La somme qu'il propose me surprend. Tenté par le diable, je réfléchis un court instant. Dean et moi avons déjà fait des *petites affaires* dans le passé, mais jamais rien d'aussi gros.

— Penses-y, c'est d'l'argent facile.
— Tu connais pas quelqu'un d'autre avec qui monter?
— À part toi, non! T'es l'seul sur qui j'peux compter. Tu l'sais en plus.

Notre amitié s'est liée dans un élan de solidarité, d'un synchronisme parfait. Dean a perdu plusieurs personnes dans sa vie, dont une copine qui s'est suicidée par pendaison. Le drame est survenu quelques jours après la disparition de Mathilde. Nous étions détruits, atteints de la même douleur au même moment, incapable de faire le deuil de nos amours. La vie nous paraissait cruelle, injuste et illogique. Une suite d'accidents à laquelle nous avions tous deux survécu miraculeusement, sans mérite.

Dieu du ciel! J'étais convaincu que nos chemins se croiseraient à nouveau.

Dean est un mauvais menteur et mon intuition me suggère d'investiguer un peu plus. J'insiste, j'use de toute ma ruse pour lui tirer les vers du nez. Comme je m'y attendais, il essaye de me convaincre par l'emploi de belles paroles telles que : « Mon chum! » et : « *Come on, bro! Don't be such a pussy* », sur un ton qui frise le ridicule. Je n'arrive pas à déceler d'attrapes. Mon rôle, semble-t-il, se limiterait à le conduire jusqu'à Rouyn-Noranda avec une quantité démesurée de hasch de top qualité.

— Et si jamais on s'faisait pogner... t'imagines-tu?
— Moins c'est risqué, moins c'est payant. Si tu veux, j'ai des petites commissions pour toi, ici en ville. Quelques grammes à la fois. La même chose qu'avant.

Il affiche un sourire narquois, insinuant que cette option manque d'audace. Dean connaît mon obsession pour le risque puisque nous avons souvent terminé nos soirées dans des *after-hours*, peu recommandables, à miser de grosses sommes au poker. Le salopard! Bon adversaire, il connaît mes points faibles et sait les exploiter. Il repartait avec le magot chaque fois qu'il se pointait dans ce lugubre appartement sur rue Saint-Joseph, près du parvis de l'église. La chance lui attribuait toujours les meilleures cartes, comme si son ange gardien veillait fidèlement sur sa main. « *I played my last card, but I still have that negger in my pocket* », s'amusait-il à nous dire. On avait beau changer de siège, mélanger les cartes, tenter de le déstabiliser en racontant toutes sortes de niaiseries... rien à faire! Il gagnait à tout coup.

— OK pour mille sept cents.
— T'exagères, Dan.

En me voyant prêt à quitter la place :

— OK pour mille trois cents. Alors?
— D'accord! On part quand?

Le surlendemain, j'attends dans le parc Saint-Roch, où nous avons rendez-vous. Perdu dans mes pensées, j'observe un couple s'embrasser sur le banc d'en face, tout en m'enivrant de l'odeur pénétrante des fleurs, portée par le vent. J'entends les cris des enfants qui pataugent dans le bassin d'eau au soleil chaud, pendant que les parents s'affairent sur leur cellulaire à planifier leur fin de semaine. Un élan d'amour invite les gens à venir se rencontrer ici, soirs et midis, envoûtés par les éléments naturels. Les sons, les couleurs, les oiseaux, l'écoulement de l'eau… tout est en parfaite harmonie et chacun s'abandonne à cette fébrilité qui s'installe à chaque été avec les premières journées de beau temps.

Je jette un coup d'œil à ma montre : dix-sept heures pile. Toujours pas de Dean. Que fait-il donc? Nous avons pourtant été clairs : pas de retard. D'incontrôlables pensées déferlent sur mon esprit à mesure que le temps passe. J'essaie de me distraire en fredonnant des airs de Léo Ferré, de me remémorer les plus lointains détails de ces folles soirées — de l'époque du cégep — où tout était furetage et découverte, mais je reste néanmoins inquiet. J'imagine le pire : il s'est fait prendre avec la dope. L'interrogation, les aveux, les noms… la police ne va pas tarder à arriver pour m'arrêter! De soudaines bouffées de chaleur me font prendre conscience de l'anxiété qui pèse sur moi. L'attente me torture. Je ne pense plus qu'à rentrer chez moi. Peut-être n'ai-je pas suffisamment réfléchi à la proposition? C'est un gros pari, lourd de conséquences. J'assumerais difficilement la peine d'emprisonnement en cas d'arrestation. Ma gueule en première page du Journal de Québec… Honte, dégoût!

— Pardon, t'aurais pas une cigarette?

Un passant m'extirpe de mes angoisses.

— Non! Désolé.
— Hey! J'te reconnais. T'es l'gars soupçonné d'avoir tué sa blonde, v'la des années.
— Oui, et puis!
— Ça piétinait dès l'début cette histoire-là. J'n'en reviens pas encore. L'enquête est tombée tellement vite. C'est quand même louche, non?

— De quoi tu t'mêles?

Je me lève d'un seul trait et commence à le narguer.

— Si tu veux quêter va sur Saint-Vallier, p'tit téteux.

Le jeune bavard me laisse tranquille, déçu de ne pas avoir eu le privilège d'une confidence dont il aurait pu faire le récit à ses amis. Je replonge dans mes tourments, regrettant ce marché conclu dans la convoitise d'un gain facile. Dean va arriver d'une minute à l'autre, je le sens. Il possède un don pour me surprendre, surtout dans des moments comme celui-là. Vite, je dois réfléchir. Quelle excuse pourrais-je bien inventer pour m'en sauver?

— Ha haaaaa! me lance-t-il, m'arrachant de mes pensées dans un tressaillement nerveux.
— Tabarnak, Dean!
— Tabarnak, quoi?
— Tu sais ben, l'attente me rend anxieux, surtout dans ce contexte-là.
— Désolé, j'étais pris dans l'trafic.
— Alors, tu l'as?
— Oui! sauf que laisse-moi t'dire…

Je lui coupe la parole et l'incite au départ. Dean a été chercher le stock et a rempli le coffre de la voiture comme convenu. Nous sommes prêts. Seulement, la ville est figée par les embouteillages en cette heure de pointe.

« Fait chier! » me dis-je intérieurement.

C'est un retardataire qu'on ne corrige pas.

— On fait quoi maintenant?

— On attend.

Plutôt que de s'agiter dans un pénible rallye urbain pour sortir de la ville, il propose de patienter jusqu'à ce que la circulation redevienne fluide. J'acquiesce d'un signe de tête.

— Ça part mal!
— T'inquiètes, ça va ben aller pour la suite des choses.
— J'espère.

Son optimisme est peu dissuasif et sa légèreté m'agace.

— Faut faire avec les impondérables, Dan, ça fait partie du jeu.
— Correct! On va où astheure?

Les cafés fument sur les tables de la brulerie Saint-Roch, bondé de clients, comme à chaque vendredi soir. La musique jazz renforce l'ambiance bruyante et survoltée, en partie causée par une bande de sans-gêne sur l'étage où nous sommes. Certains tournent la tête et les braquent du regard, sans rien y changer. Seuls les intellos à lunettes épaisses, fidèlement connectés à leur portable, font fi des éclats de rire poussés avec vivacité par ces *wana be* humoristes à l'air déluré. Ce manifestement de gaieté me force à faire répéter Dean une fois sur deux. Sans compter que les machines à café vibrent non-stop pour répondre à la demande des clients. Toutefois, ce tintamarre nous permet de parler en toute tranquillité d'esprit de la *job* à venir. Habitué à faire dans l'illégalité, Dean n'affiche aucun stress. Il m'informe de la quantité à transporter : six kilos! J'ignore combien se vend le hasch de nos jours, mais je sais qu'on parle de gros dollars.

— Tu comptes faire quoi après?
— Après quoi?

— Après avoir vendu toute cette dope?
— Retourner à Montréal pour aider mon oncle avec ses affaires.

J'aimerais en savoir davantage sur son plan, mais je m'abstiens de le questionner. Tel que je connais Dean, il préfère rester discret sur ses allées et venues. Des gens douteux ont déjà été à ses trousses, sans jamais le retrouver, et le sont possiblement toujours.

— Et toi, tu vas faire quoi après. Vas-tu rester à Rouyn-Noranda?
— Bonne question!
— T'as d'la famille là-bas?
— Des cousins, des oncles et des tantes.
— Donc, t'as sûrement une place où on peut aller dormir?

Il me prend au dépourvu avec sa question; je reste muet.

— Alors?
— J'sais pas trop, Dean. J'ose pas leur demander, ça fait tellement longtemps…

J'ai cette gêne tenace de déranger ma famille. Quoi qu'il en soit, Dean insiste pour que je les contacte; il veut éviter les frais d'hôtel que nous avons consenti à partager. Il me communique vite sa préoccupation, prétextant qu'il est serré et qu'il le sera jusqu'au premier *deal* de dope. Le seul hic : celui-ci aura lieu une fois en Abitibi, et d'ici là, il ne peut me payer. Dean fait honneur à sa réputation de voyageur désorganisé et déstabilise déjà mon équilibre psychique, assez fragile. Je tente cependant de dissimuler mon agacement en blablatant sur le sujet dont la table voisine fait mention.

— C'est vrai! Lebaume est un vrai Bouffon. T'en penses quoi toi?
— On s'en contre-câlisse du maire! C'est pas l'moment. Trouvons donc une solution à notre problème.

Nous calculons ainsi nos liquidités en sortant le peu qui traîne dans nos poches. Pas de chance! Nous avons tout juste assez d'argent pour l'essence. J'aurais dû m'en douter. Dean n'a aucun sens de l'organisation et se fie un peu trop sur les autres.

— Tu dois ben avoir des amis qui sont encore là, non?
— J'vois pas qui.
— Dans ce cas, va falloir trouver un endroit pour monter ma tente. Y'annonce d'la pluie. Mais bon, si y'a pas d'autres options…

Ses paroles me font prendre conscience de mon isolement, qu'il n'y a plus grand monde sur qui je peux compter, raison pour laquelle je côtoie un révolté comme Dean. Il a certains mauvais côtés, mais c'est du moins un pur-sang, franc en amitié, prêt à défier quiconque viendra embêter son entourage. Il m'a déjà défendu et je sais qu'il le ferait encore. Je lui en dois pas mal. Tout compte fait, j'éprouve un sentiment de redevance envers lui, et j'aimerais bien trouver de l'hébergement gratuit pour lui faire plaisir. Après tout, il me rend service : je sais pertinemment qu'il aurait pu engager quelqu'un d'autre pour la *job*.

Une jolie femme basanée au corps élancé, assise juste en face, me fixe d'un curieux regard. Son visage me paraît familier, mais ne m'évoque aucun souvenir. Elle tire sur la monture de ses lunettes et replonge dans la paperasse qui occupe sa table, d'un air absorbé. J'ai le sentiment qu'elle veut me parler, mais que sa timidité l'en empêche. À l'occasion, elle relève discrètement les yeux dans ma direction, comme si elle voulait valider un doute qui l'envahissait. Je n'ose pas aller à sa rencontre. J'attends plutôt qu'elle entame une approche. Elle me veut quelque chose, c'est sûr, mais quoi?

— Hey Dan, j'ai remarqué que…
— Moi aussi, j'ai remarqué ça.

— Pourquoi tu vas pas lui parler?

Dean a raison. Je reste planté là à ne rien faire, enchaîné par la peur : celle de me dévoiler aux autres. L'aspect formel des présentations me plonge trop souvent dans l'embarras; mes espoirs s'anéantissent généralement dès la deuxième question.

— Danny Beaulieu? s'enquiert-elle subitement de sa table.

Je cherche très fort, espérant lui donner la réplique, mais aucun nom ne me vient en tête.

— On s'est connus où?
— Marie St-Pierre… tu te souviens pas?

Je vois tout de suite les images associées au nom défiler dans ma tête.

— Hein… Marie! Ça parle au diable. Tu deviens quoi?

Dans un mouvement d'excitation, elle replace ses longs cheveux noirs derrière ses épaules et vient nous rejoindre. Elle se penche vers moi, me fait la bise et se tire une chaise à mes côtés.

— J'suis toujours la même : rêveuse et téméraire, à la recherche d'aventures. Et toi?
— Pareil.
— Travailles-tu encore à l'hôpital?
— Non, j'ai quitté.
— Moi aussi! J'en pouvais plus avec ces horaires de fous. Le milieu d'la santé… tout un monde! Pis depuis ma rupture…

Je me sens soudainement plus à l'aise de lui partager ma vie. Même échec, même situation; elle ne pourra ni me juger ni me faire la morale. Et moi non plus d'ailleurs.

— T'es toujours avec ton même mec?

— Lequel?
— Celui que t'as connu juste avant la graduation... Et qui n'est pas venu à celle-ci d'ailleurs.
— Charles! *Fuck* non! J'suis libre maintenant. Libre d'aller où j'veux. De vivre ma vie.
— J'comprends pas?

Elle me raconte spontanément son histoire, comme elle ferait à une bonne amie, digne de confiance. Je me souviens très bien du mystère qui entourait l'homme, de la réticence qu'elle avait à nous parler de lui. C'était comme si elle avait peur de se faire juger sur son choix amoureux, chose courante lorsqu'une fille aussi convoitée était en couple. Maintenant, je comprends. Il s'avère que Charles est policier. Un policier obstiné et déterminé à vaincre le crime organisé, mais surtout, absorbé par son travail, pas toujours facile... surtout par le temps violent qui court.

Au cours des dernières années, les exigences pour atteindre les objectifs fixés semblaient prendre toute la place. Si bien qu'il perdait le contrôle de ses émotions et ramenait ses problèmes d'ordres professionnels à la maison. Homme d'une droiture exemplaire — en début de carrière —, il a longuement subi les représailles de certains collègues pour les avoir dénoncés à propos d'une pratique plutôt abjecte. L'histoire classique où l'on arrête une pute et qu'on la relâche ensuite, après la pipe! Mais lorsque celle-ci se retrouve à l'hôpital pour une indigestion de sperme, les choses se gâtent... Bien qu'il ait agi en tant que bon flic, un peu naïf, ses supérieurs avaient refusé de prendre sa défense. La Sûreté du Québec espérait se sauver la face, peu importe comment. Les médias en avaient fait leur affaire et avaient ainsi provoqué l'indignation de la population tout entière, touchée par le sort de cette pauvre fille. Une enquête publique fut ordonnée, après quoi le dégoût et la colère ravagèrent la province; les travailleuses du sexe étaient nombreuses à se faire traiter ainsi. Des manifestations s'organisaient chaque jour pour traîner en justice les policiers impliqués, mais la haine fut cependant très vite étouffée, et ce, grâce à la nouvelle du siècle : les Nordiques étaient de retour! Je m'en souviens bien. Cette année-là, la distraction du peuple fut massive et instantanée. Charles avait perdu l'attention des médias, ainsi que son combat.

Finalement, après une visite chez son docteur, on le renvoya chez lui pour un long congé maladie, sous prétexte d'une dépression. Il espérait se dépêtrer de ce bourbier et reprendre du service dès que possible, ce qu'il fît après quelques mois. Malgré tout, ses confrères l'ont harcelé jusqu'à ce qu'il démissionne. Frustré de la tournure des événements, il devint, du jour au lendemain, un monstre d'autoritarisme pour son entourage. Marie subissait sa rage; elle ne pouvait plus inviter personne ni sortir de la maison à sa guise. Charles, jaloux et anxieux, contrôlait ses allées et venues. Parfois même, il lui arrivait d'écouter ses conversations téléphoniques et de la suivre en douce, s'imaginant à tort qu'elle avait des secrets bien gardés. Ce fut assez! Elle prit son courage à deux mains et finit par le quitter, malgré des paroles menaçantes du genre : « Si tu pars, j'vais te mener la vie dure! » D'ailleurs, elle se questionne toujours sur cette plainte pour voie de fait qu'elle a déposée contre lui, il y a quelques jours à peine. À la voir trembloter pendant qu'elle se confie, je la crois fermement.

— ... Pauvre abruti! Au moins, c'est fini tout ça.
— Dieu merci!

Je change de sujet pour dédramatiser la situation.

— En as-tu revu d'la gang du cégep?
— Non. Et toi?
— Moi non plus.

Nous nous étions perdus de vue, peu après la *graduation*, il y a vingt et un ans. Jamais je ne l'aurais imaginée encore aussi belle après tout ce temps. J'observe son visage de plus près. Combien suis-je heureux de remarquer de légères rides cachées sous son fond de teint. Ça me rassure de constater qu'elle vieillit aussi. Ouf...

— T'as jamais eu des nouvelles de... comment s'appelle-t-elle déjà?
— Non! Mathilde est toujours portée disparue, réponds-je d'un ton sec. Elle comprend ma réticence et n'insiste pas.

Exclu de la conversation, et ce, bien malgré moi, Dean se languit d'ennui. Je l'observe du coin de l'œil, hypnotisé par chaque parole que Marie prononce.

Il me lance soudain :

— On devrait penser à s'en aller.
— Voyons donc! Y'é même pas encore six heures.

Marie est intriguée par notre destination et n'hésite pas à nous la demander. J'hésite un peu, compte tenu de la situation, faisant semblant de ne pas avoir entendu la question. Dean se lève promptement de sa chaise et me jette un regard torve, incitant au silence, ou peut-être bien au mensonge.

— On devrait vraiment partir, insiste-t-il, le visage crispé par un rictus nerveux.

J'allais obtempérer à son désir, me lever et inventer une excuse bidon quand soudain :

— Voulez-vous ben m'dire où vous allez?
— Rouyn-Noranda! dis-je d'un trait, avec la forte impression qu'une révélation va s'ensuivre.

Un sourire empreint de réjouissance flotte sur ses petites lèvres luisantes et cerise.

— Sérieux? J'ai justement besoin d'un *lift* pour Rouyn-Noranda.
— Tu parles d'un adon.
— Avez-vous une place?
— Oui, même trois.
— J'ai pas beaucoup d'argent, mais par contre, j'peux vous proposer un échange.
— Quoi donc?
— J'ai une amie qui me prête son chalet au Lac Kanasuta pour la semaine. J'pourrais vous offrir le gîte.

Les tracas de Dean s'apaisent soudain, comme par magie. Il se rassoit, avale le reste de son café, tourne la tête vers Marie et prend le contrôle de la situation, maintenant favorable à notre cause.

— Tu parles! On cherchait justement une place où coucher.
— Alors, ça marche?

Les deux tournent simultanément la tête vers moi, n'attendant que mon accord pour partir. Le visage sans expression, je laisse planer un instant de silence, puis brise le suspense par un : « *Let's go sti!* » d'une voix enjouée, persuadé que les puissances célestes ont comploté pour réunir nos destins divergents

2

Les mèches de cheveux de Dean et de Marie flottent au vent sous un ciel bleu clair, exempt de tout nuage — nous avons décapoté la Mustang. Je fredonne abusivement l'air de *Bohemian Rhapsody* comme une louange et fais passer mon excitation dans une subite accélération nous enfonçant le dos au siège.

— Garde ça à 110, me lance Dean d'un ton préoccupé.

Je diminue sitôt la pression sur l'accélérateur pour redescendre au seuil de tolérance. Envoûté par les montagnes qui vallonnent la région des Laurentides, il n'est pas long que ma vigilance retombe et que l'aiguille monte à 125 km/h. La route me charme, me donne ce sentiment fugace de liberté dont je rêve depuis si longtemps. De notre trio se dégage une chimie parfaite, ne laissant supposer aucun accroc dans le dénouement de cette escapade. C'est le « DanMaryDean », le *dream team* de l'aventure, combinaison de trois éléments au destin morose, réuni par les dieux, pour une même destination.

— Dis-moi, c'est comment *Rouan*, me demande Dean.

— C'est l'inculture totale, raison pour laquelle tous les artistes et les intellos la quittent.
— Pourtant, Serge Gainsbourg et Muhamed Ali y sont allés. Ça doit avoir un certain charme, non?
— Aucunement! lui réponds-je tout en tripotant ma barbe naissante. Gainsbourg est venu uniquement pour les femmes. Et Ali, va savoir pourquoi?

Même après treize ans d'absences, j'ai le pressentiment que tout sera comme avant, que les gens auront les mêmes occupations, les mêmes apparences et les mêmes tourments. En vrai, ça m'arrange un peu : mes repères seront inchangés, ce qui facilitera l'acclimatation avec mon ancien milieu.

Je dirige la conversation vers Marie, assise tranquille sur le siège arrière.

— Es-tu déjà allée en Abitibi?
— Non!
— Tu vas faire quoi là-bas?
— Me faire sucer l'sang par de gros moustiques.
— Très drôle. Non, sérieux?
— J'vais essayer un travail dans le resto d'une amie, la même qui nous prête le chalet. Si ça marche, je déménage pour de bon.
— Et pourquoi ça marcherait pas?
— J'veux juste m'assurer d'avoir un bon *feeling*.
— Donc, tu doutes d'aimer ça?
— Un peu.
— Et c'est quoi au juste?
— Serveuse.
— Où ça?

Elle cherche un peu et répond :

— Au Diable Noir.

— Jolie place!
— Tu connais?
— Oui! Sauf que c'est pas un resto, c'est un bar! lui dis-je d'un air inquisiteur.

Pas de réplique. Son mutisme me confirme sans conteste qu'elle nous cache quelque chose. À mon avis, elle s'enfuit sur un coup de tête, et ce, dans l'espoir d'oublier un amour auquel elle n'arrive pas à mettre fin. J'espère juste que tout est réellement terminé entre elle et son abruti; pourvu qu'elle ne change pas d'idée à mi-chemin, comme le font souvent certaines filles instables de son genre. Quoi qu'il en soit, il est trop tard pour revenir sur sa décision. À ce stade-ci, pas question de rebrousser chemin vers Québec.

— J'ai l'impression que c'est pas fini vous deux. J'me trompe?
— J't'assure Dan. Charles et moi, c'est bel et bien terminé.
— J'en doute.
— C'est fini, j'te jure!
— Sois franche. Dis-moi ça fait combien de temps?
— Ben là…

Mon insistance pour plus de précisions l'agace, mais finit par porter ses fruits. Elle pousse un soupir et m'avoue que leur séparation est récente. Deux semaines à peine qu'elle l'a quitté, comme tout le reste : son emploi, sa famille, son bac; elle poursuivait des études en inhalothérapie. Pauvre petite Marie, si jolie, si naïve… comme si tous ses problèmes allaient disparaître par miracle en fuyant avec nous.

— Il doit encore être en réaction, non?
— Un peu, mais j'suis pas du genre à revenir sur mes décisions.
— J'espère!

— C'est loin d'être ma première rupture. Aussi brutale soit celle-ci, j'tiens bon. Pas question de retourner avec ce débile-là.
— Jaloux et possessif comme tu me l'as décrit... t'as pas un peu peur?
— De quoi?
— De t'faire harceler peut-être!
— Légèrement.
— Est-ce qu'il sait que t'es partie en Abitibi?
— Non.
— T'es sûre?
— Sûre et certaine.

Dean lâche un soupir, découragé par ce qu'il vient tout juste d'entendre, et prononce : « Ç'a d'l'air compliqué ton histoire », ce à quoi Marie réplique sèchement qu'elle est assez grande pour gérer sa propre vie, comme si elle ne voulait pas qu'il se mêle à la conversation.

L'idée d'une aventure m'apeure et m'excite à la fois. Deux gars réprouvés par la société et une fille malmenée en amour se rencontrent par un coup du sort. J'ai la vague impression que notre itinéraire risque de devenir une épopée remplie d'imprévus, de nous mener en des lieux exceptionnels, hors du tracé. De toute façon, qu'ai-je donc de mieux à faire? En ce moment, je serais seul comme un con, à chasser l'ennui dans ma lugubre chambre, plongé dans le passé et les regrets, déçu de ma vie, devenue si misérable.

« Bon! Dédramatisons un peu là. »

Dean me regarde avec un sourire malicieux d'enfant diable, le même qu'il me fait avant une proposition malhonnête. Tel que je le connais, une surprise nous attend.

Il sort un joint de sa poche de chemise, et puis :

— *Amigos*, j'suis sûr que vous en avez envie.

Il le porte à ses lèvres et l'allume aussitôt sans même nous laisser le temps de lui donner notre approbation, surtout la mienne! Je tente de faire abstraction, mais hélas, l'odeur pénétrante dégagée me subjugue tout de suite à la tentation. Dans les circonstances : beau soleil, bon voyage, bonne compagnie, il serait facile de flancher, et ça m'agace! Heureusement, le pétard se consume rapidement, ce qui écourte la bataille intérieure dans laquelle je suis : celle que je mène pour rester *clean*. Dean aspire à plein poumon et retient la fumée, emportée par le vent dès qu'il la souffle derrière son épaule. Il répète l'exploit, le grille ininterrompu d'un bout à l'autre, de grâce, sans la moindre intention de partager; j'en suis soulagé! Lorsqu'il jette le filtre sur la route, je sens la tension quitter mon corps, comme si une menace grandissante prenait fin. Un peu plus et ça y était! J'ai l'impression d'avoir passé le test le plus difficile de ma vie... Ouf!

— Tabarnak... t'es en manque, *man*! Un vrai toxico sorti d'un sevrage.

Il me regarde, l'air sérieux, de façon à cristalliser mon attention, et s'esclaffe ensuite d'un rire hystérique.

— *I'm geting there neggers! I'm geting there!*

Sans plus tarder, il s'en allume un autre. Mais cette fois-ci, il me crache sa fumée en plein visage. Chercherait-il à me provoquer?

— Dean! Fais attention aux sièges. La cendre tombe partout.
— Relaxe!
— Facile à dire.
— Tiens! Étouffe-toi donc un peu, Beaulieu. Ça va t'faire du bien.

Il me tend le joint et m'incite au vice d'un clin d'œil amical. L'envie est diabolique. Je n'ai pas fumé depuis des années, et Dieu seul sait comment j'y suis parvenue.

— Allez! Ça va améliorer ta conduite. J'te sens tendu là.

Je pense à toutes ces raisons qui m'ont aidé à *stopper* ma consommation — le travail de toute une vie sur soi —, mais cède un peu trop facilement devant son insistance.

— Aweille donc! Juste une toute petite…
— Tu fais chier, Tremblay.

Je lui arrache brusquement d'entre les doigts et respire une touche du bout des lèvres. Ma petite voix intérieure me dit de cesser sur-le-champ, de ne pas retourner à cette vieille délectation terrestre qui nous donne l'impression d'une vie plus savoureuse, mais c'en est fait. La gorge me pique lorsque la seconde touche descend dans mes poumons; je tousse d'une violence à dépoussiérer le tableau de bord. Dean éclate de rire. Je continue cependant à « puffer » de plein gré, envoûté par l'arôme de ce hasch de top qualité, efficace pour ralentir ma vitesse; je roule soudainement à 100 km/h et trouve ça parfait.

— Tu peux ben dire que j'suis en manque, Danny Beaulieu.

La route, le ciel, la nature… Ce n'est pas long que tout devient harmonie, comme d'un environnement parfais dans lequel je me fonds. Wow! Dean avait raison! Ma sensibilité est aiguisée comme jamais. Je fusionne presque avec la route, anticipant ses tournants avec fluidité, sans aucun coup de volant. J'éprouve un profond apaisement à regarder le ciel parsemé d'envolées d'oiseaux. Ils doivent bien être plus d'un millier de petits points noirs à tacheter le soleil, si éclatant. Le mouvement des éléments m'apparaît différent, presque onirique, comme si le temps était manipulé par d'autres lois que celles de ce bas monde. Je suis camé, dans cette dimension intemporelle où j'éprouve l'incroyable sensation d'exister, et je tiens à ce que Marie partage elle aussi ce moment avec nous.

Je lui passe le joint en pliant le bras derrière la tête, tout en tenant le volant d'une seule main.

— Tiens! Prends-le.
— Non merci, j'fume pu.
— Dommage, parce que c'est vraiment d'la bombe.
— D'où?
— Québec.
— À Québec... C'est d'la bouette le hasch!
— Tu changerais d'avis assez vite si tu l'essayais.

Je tourne la tête vers Dean pour lui filer le reste.

— Hey mec, fais pas semblant d'être endormi.

Aucune réponse. Il est déjà vautré sur le siège en position horizontale, insonore, les yeux fermés. Je me retourne vers Marie en espérant qu'elle cède à la tentation

— Aide-moi donc. C'est beaucoup trop pour moi.

Je courbe le dos pour une meilleure portée, le bras maintenant prolongé vers son visage. Victoire! Je sens ses lèvres effleurer mes doigts. Elle aspire une légèrement touche et rejette la fumée derrière mon oreille droite.

— Alors?

Elle récidive, de façon plus convaincante, et puis :

— J'approuve! C'est du bon *stock*.

— Ça faisait longtemps?
— Que?
— T'avais pas fumé.
— Depuis trois ou quatre ans.
— Pareil! C'est savoureux quand même.
— Ça été mon antidépresseur pendant longtemps.
— Et moi donc! Quand Mathilde a disparu, j'étais tout l'temps stone. J'fumais trois grammes par jour. En dernier, j'cokais pis j'buvais en plus.
— Mathilde… J'aimerais tellement ça que…
— Qu'on retrouve le corps! Oublie ça! Le gars qui l'a enlevée l'a assurément décapitée pis jetée dans l'fleuve. Le seul espoir que j'ai c'est qu'on retrouve ce trou d'cul d'assassin-là.
— T'as jamais eu personne d'autre dans ta vie après elle?
— Non, pas vraiment.
— Pourquoi?

Je suis sans mot. Mes yeux sont empreints d'une tonne de sentiments, indiscernables. Nous fumons maintenant dans le silence, un silence meublé de ricanements qui succèdent à mes pensées diffuses. J'observe par le rétroviseur intérieur les effets quasi instantanés de la drogue sur son visage; elle fait d'étranges grimaces de satisfaction, un peu trop ridicules à mon goût. L'instant d'après, elle est prise d'un fou rire énervant, telle une ado qui vient de fumer pour la première fois de sa vie.

— Qu'est-ce qui y'a d'aussi drôle?
— Rien.
— J'te crois pas!
— Juste que j'pensais à Charles quand il allait voir la note.
— La note… quelle note?
— Au fait, j'ai menti sur toute la ligne. J'lui ai rien dit du tout. J'ai simplement laissé une note sur la table ce matin : ''partie vivre en paix

très loin de toi.'' J'imaginais sa réaction en la voyant, pis ça m'faisait rire.
— Sérieux?
— *Dead serious.*
— Hey Marie, j'te dis…
— Donne-moi une autre touche.

Un sourire taquin illumine son si joli visage, comme si elle avait une idée derrière la tête.

— Tiens!

Je sens ses lèvres me caresser le dos de la main lorsque je porte le joint à sa bouche. Ma surprise n'a pour égal que la douceur de ses doux baisers, bientôt alternés par des mordillements de doigts. L'incertitude crée une confusion de sentiments dont elle tire profit. Je ramène le bras d'un réflexe nerveux sur le volant et l'agrippe fermement, comme si je devais me ressaisir et garder le contrôle de la situation. Elle approche sitôt la tête et m'embrasse dans le cou. Je lui somme d'arrêter, mais elle me suce soudain le lobe d'une telle façon que j'ai envie de la laisser faire, sans même essayer de comprendre ses intentions. J'ai des frissons qui me passent dans tout le corps. Le désir monte en moi. Je suis ahuri, mais excité à l'idée qu'il pourrait se passer quelque chose entre nous deux. Je regarde Dean qui semble dormir à demi, mais j'en suis incertain. Quoi qu'il en soit, Marie continue son petit jeu. Sa langue se promène maintenant entre ma nuque et mon oreille, telle une petite limace, curieuse d'explorer le corps humain. Mon organe tressaille vivement sous mon blue-jean trop serré qui ne demande qu'à être libéré. Elle glisse la main le long de ma cuisse jusqu'à ma fermeture éclair et l'abaisse d'un « zip » agressif. Je me laisse toucher, l'esprit assailli d'un fantasme risqué pour conducteur téméraire — très bien connu — que j'aimerais lui partager. Irait-elle jusque-là?

— Gâte-toi, me susurre-t-elle à l'oreille.

Elle retrousse sa jupe, descend sa culotte, écarte les cuisses et m'expose son antre de vie comme une dévergondée. Je réponds à son désir en l'observant se caresser la vulve par l'entremise du rétroviseur.

— Espèce de p'tit voyeur, ça t'excite. Allez! Dis-le-moi.
— Mets-en! lui réponds-je d'une voix douteuse.

Je surveille Dean du coin de l'œil. L'idée qu'il puisse nous surprendre me tracasse, mais ajoute cependant un petit quelque chose de lubrique à l'ambiance. J'adore défier la raison. Je le fais sans cesse, strictement pour demeurer dans la catégorie des « insensés », là où je suis moi-même, là où l'irréalisable n'existe pas.

Marie pousse des petits cris, comme une complainte chantée qui grandit de plus en plus au gré de ses frottements de doigts. Je les camoufle cependant avec le volume de la radio. Telle une prémonition, la chanson culte *Je t'aime moi non plus* se met à jouer, attisant davantage notre désir charnel et confus. Les fameuses paroles : « *Je vais et je viens, entre tes reins... et jeeeeee meeeeee retiens* » résonnent à l'instar d'une supplication pendant que je me fais masturber.

« Une aussi belle fille s'en prendre à moi... Il n'y a que toi pour provoquer un tel miracle. Merci pour l'œuvre, merci pour tout. Tu es mon remède, ma méthadone, mon moment d'extase! Plus rien au monde ne peut m'atteindre, ni les malheurs ni la menace d'un lendemain à combattre l'ennui, rongé par les mauvais souvenirs... Quel réconfort que d'entendre ta voix. Je me laisse bercer par ta passion dont tant d'artistes se sont enivrés au cours de ces folles années. Ah! Gainsbarre... Ton œuvre, ton génie musical... On ne verra plus jamais ça! »

Le dernier couplet achève quand j'entends soudain :

— On est rendu où?

Marie retire brusquement sa main.

— Vingt minutes plus loin que ton dernier joint.

Dean affiche un air perplexe, comme s'il venait de perdre la notion du temps.

— Bizarre! J'avais l'impression qu'on était rendu à destination.
— Tu somnolais?
— *Fuck* non! J'suis vraiment tombé endormi. J'ai même rêvé.
— À quoi?
— À de quoi de vraiment *bad!*
— Raconte-nous ça mec.
« Oui raconte! »
— On était tous les trois à la pêche sur le bord d'un lac de montagnes, très haut en altitude. Le soleil faisait scintiller des pièces d'or qu'on apercevait sur les rochers transparents qui nous cernaient, tout autour. On aurait dit qu'ils étaient faits de cristal tellement ils brillaient. C'était vraiment beau comme paysage. Tout était clair et lumineux, comme une cité des dieux ou *queck* chose du genre.

« Wow! Continue. »
— J'sais pas pourquoi, mais on voulait absolument attraper du poisson. Tu disais sans cesse : « Faut du poisson, faut du poisson... allez! » Ensuite, ta ligne s'est mise à plier. T'as tiré ta prise jusqu'au bord de l'eau, de peine et misère. C'était une sirène calvaire! Mais une sirène pas trop belle, avec une chevelure de tentacules et des petits yeux rouges, comme d'la braise. Elle grouillait, criait... bref, elle avait

l'air en criss de s'être fait pogner. En deux temps, trois mouvements, elle s'est défaite de l'hameçon, a bondi du sol et s'est envolée haut dans les airs. Sa forme a changé en une espèce de dragon cracheur de feu qui nous chargeait. On voulait foutre le camp, mais ces satanés rochers nous bloquaient le chemin. Finalement, on s'est jetés à l'eau et là... j'sais pu trop?

— Peut-être qu'on s'est transformés en belles grandes sirènes?

— Ah! Ça m'revient. On s'est jetés à l'eau et on se débattait pour éviter caler au fond. J'pense qu'on allait se noyer.

Marie nous regarde d'un air apeuré.

« J'y crois, moi. »

— À quoi ça?

« Aux rêves prémonitoires. J'en fais souvent. »

— Wô là! On va pas commencer à se faire des peurs avec ça... surtout qu'on s'en va à un lac.

« Justement, c'est comme un signe. J'pense qu'on devrait en tenir compte. »

Tabarnak! Je m'en doutais. La voilà qui essaye de nous convaincre qu'un danger nous guette. Quelle excuse bidon! Il n'y a pas d'amie qui nous attend, ni chalet, juste une galère d'enfer avec une fille à problèmes.

« J'ai peur sérieux. Allons ailleurs. »

— Arrête ton cinéma, Marie. T'as inventé cette histoire de chalet pour qu'on t'amène avec nous, c'est tout.

« Franchement... vraiment pas mon genre! »

— T'as menti à propos d'Charles. Qu'est-ce qui t'empêcherait d'mentir sur autre chose?

Dean fronce les sourcils.

— C'est quoi cette histoire-là!

« OK j'avoue! J'ai menti à propos d'Charles, mais pas pour le reste. J'avais juste pas le courage d'avouer que j'me sauve de lui. »

Nous sommes consternés, doutant maintenant de sa parole.

— J'vous jure que ça m'fait peur ce rêve-là. J'ai déjà rêvé qu'une amie s'était tuée en auto, et c'est arrivé! J'suis sensible au phénomène. J'capte les signes pis j'oriente ma vie en conséquence.

Les yeux de Marie se remplissent de larmes.

— J'm'excuse, tout va tellement mal dans ma vie en c'moment. Mais j'vous jure que c'est vrai pour le chalet. J'vais vous le prouver. J'téléphone à Julie dès qu'on s'arrête, promis.

Nous traversons la ville de Mont-Laurier, épuisés par la route et par la discorde. Dean n'a pas aimé les confidences de Marie, moi non plus d'ailleurs. Personne ne se regarde. Une énergie négative s'est emparée de nous, d'un seul coup, et nous a tous fait taire — quel mauvais présage pour la suite du voyage.

J'arrête au Shell, fais le plein, et stationne la Mustang au Tim Hortons, juste en face. En entrant, notre trio se bute à une file d'attente compacte et bruyante, du comptoir jusqu'à l'entrée. Nous sommes exaspérés, mais trop las pour aller manger ailleurs. Ainsi attendons-nous le regard fixé droit devant, la bouche boudeuse; mes pensées gravitent autour d'un gigantesque café pour me donner le courage de continuer la route; tant de kilométrages me fatiguent. L'impatience prédomine. La file progresse vers le comptoir dans l'indiscipline, ce qui engendre l'agacement. Certains clients expriment leurs mécontentements par des jurons haineux desquels les employés font fi. Je reste calme, m'interdisant d'attiser davantage ce tourbillon négatif par lequel nous sommes déjà aspirés.

Un monsieur bon chic bon genre sort des toilettes et s'installe devant Dean, sans aucune gêne.

— Pouvez-vous faire la queue comme tout l'monde?

Aucune réaction. Le type en question fait la sourde oreille. Connaissant le tempérament de Dean, ça m'angoisse.

— Heeeeille! Le frisé, t'es pas l'seul à attendre icitte.
— J'étais là avant d'aller à toilette. C'était ma place!
— C'est bien dommage, mais tu viens d'la perdre. Retourne derrière.
— Penses-tu, l'tatoué.
— J'va t'le demander une dernière fois, sinon…
— Sinon quoi?

Dean rougit et serre le poing, prêt à lui sauter dessus. Il fait un pas en avant et pousse le frisé d'un mouvement brusque. La même réplique s'ensuit. Le despérado revient à la charge et lève le bras tout haut en l'air. Heureusement, je lui attrape le poing au tout dernier moment et le retiens.

— Lâche-moé, Dan.

Je porte la bouche à son oreille et lui chuchote :

— Du calme mon homme! Le but c'est qu'on s'rendre à destination, pas en prison. Suffit que quelqu'un appelle le 911 et on est cuit.

Ça marche! Il a compris! J'ai eu la peur de ma vie, imaginant le scénario d'une bagarre qui nous aurait valu la visite des flics.

— J'va écouter mon ami, grâce auquel tu vas conserver tes dents.

— Donnez-lui un décaféiné, hurle le frisé.

— T'es chanceux. Si mon chum avait pas été là, t'aurais eu droit à une bonne raclée.

Dean en aurait fait une seule bouchée; il est bien trop accoutumé à la bagarre. Son regard torve exprime une menace unique en son genre. Par chance, le frisé l'a remarqué au bon moment. Raison pour laquelle il fait fi des propos menaçants ainsi que des nombreuses insultes lancées à son égard.

— Achète-toi des capotes! Tu vas rendre un grand service à l'humanité en nous privant d'ta race, trou d'cul.
— T'arrêtes-tu là! J'pense qu'le message est clair.
— Estie! Pourquoi y'a toujours des sans-génie sur mon chemin? Une chance que t'es là mon Dan. Sinon, j'te jure...
— Contrôle-toi donc, maudit bum. Faut passer incognito.
— Tu peux m'lâcher, j'suis cool là.
— T'es sûr?
— Certain.
— Arrête d'le fixer.

Il s'exécute de mauvaise grâce et tout rentre dans l'ordre. Les gens tout autour — des têtes grises pour la plupart — nous regardent d'un air hébété, la main devant la bouche pour exprimer leur dégoût. Je me fais rassurant en lâchant un : « C'est beau là, la chicane est passée », mais ils ne démordent toujours pas; ils murmurent contre nous à voix basse. La gravité qu'ils accordent à si peu me fait réaliser combien l'ennui peut facilement s'emparer de nos vies et nous faire rater l'essentiel.

« Pauvres vieux », pensé-je, « j'espère ne jamais devenir aussi commère. »

L'accroc a toutefois eu un effet positif : il nous a fait oublier l'attente; preuve qu'on peut tirer du bon des pires situations.

Au comptoir, je commande un grand café accompagné d'un sandwich au poulet.

— Désolé, on a pu d'salade de poulet.
— Quoi?

Elle me fait une tête de je-m'en-fichisme et je dois procéder rapidement.

— Hum… Dans ce cas-là, j'vais prendre…

Indécis, je la fixe d'un regard suppliant, en espérant qu'elle tranche pour moi. Ses lunettes en fond de bouteille et sa peau boutonneuse de crapaud font d'elle une laideur repoussante. Je focalise sur ses deux grandes dents saillantes de lapin et me demande si elle a déjà embrassé un homme sans lui couper la langue. J'entends les clients se lamenter derrière moi. Ainsi, je précipite mon choix, tout de même ralenti par une série de questions posées machinalement : « Lait ou crème? Combien d'sucres? Quel pain? Grillé? Quelle sorte de beigne? Pour ici ou pour emporter? »

Comme si ce n'était pas suffisant, le paiement Interac tarde à s'effectuer. La transaction plante mystérieusement et me force à recommencer. Cette fois-ci, erreur de NIP. Ensuite, mauvaise sélection de comptes. La pression me retombe sur les épaules. Je réussis enfin à payer avec ma carte de crédit et je rejoins Dean et Marie, en train de siroter leur café et grignoter leur sandwich depuis un bon moment déjà.

— Ça ben été long.
— Désolé, j'savais pas quoi prendre.

Dean me fait une moue boudeuse avant d'ajouter :

— C'est du pareil au même, *anyway*!

Il prend le Journal de Montréal sur la table voisine et le feuillette rapidement; il n'a visiblement pas envie de converser avec moi. Marie non plus d'ailleurs! Tête penchée, mine maussade, elle s'occupe en textant à ses amies de Québec. Je blablate sur des sujets d'actualité, aléatoirement, pour forcer une diversion, sans toutefois parvenir à changer l'ambiance tendue dont les répercussions risquent de mener l'aventure à terme. Quel gâchis! Notre départ avait pourtant suscité un élan d'enthousiasme. La chimie s'est-elle déjà volatilisée?

— Pas question d'continuer la route comme ça. Faut s'parler, gang!

Je capte tout de suite leur attention.

— C'est ma faute! J'appelle tout d'suite ma chum pour vous prouver la vérité.

Marie se lève promptement et se dirige vers le téléphone public, tout juste à l'entrée. Nous la suivons. Elle sort sa carte d'appel et compose une série de numéros, tous plus longs les uns que les autres. Elle nous regarde, muette, sans expression. Soudain un : « Allo Julie, c'est Marie », nous donne bon espoir. Les deux sont excitées et s'expriment d'un langage volubile, comme deux sœurs qui se recontactent après des années. Ça discute d'affaires de filles, principalement de relations amoureuses et de vieilles histoires entourant la matière. Le temps passe et on ne sait toujours pas si on peut aller à ce fameux chalet. Marie fait fi du plus important et sème le doute dans mon esprit. Si bien que j'ai l'impression qu'elle improvise, encore une fois, ne cherchant qu'à continuer son petit jeu.

— Allez, demande-lui donc!

Elle tourne la tête, me fait un clin d'œil, et puis :

— Au fait, j'voulais savoir si ça tenait toujours pour le chalet... Ah! Super. J'ai deux autres personnes avec moi... Cool! Oui, certainement.

Elle me passe l'appareil, le sourire aux lèvres.

— Allo.
— Aucun problème. Toi et ton ami pouvez venir au chalet. Marie m'avait déjà avertie.
— C'est gentil! J'voulais juste être sûr et certain qu'on dérangeait pas.
— J'suis difficilement dérangeable. Vous arrivez quand vous voulez.
— Merci!

Marie reprend la conversation, raconte comment elle nous a rencontrés et discute du travail qui l'attend au resto de son amie. L'enthousiasme est de retour. Même si elle nous a menti pour Charles, et certainement bien plus encore, elle disait vrai pour le chalet. Le reste n'a plus vraiment d'importance.

— Allons-y, gang!

Je démarre et fais vibrer le moteur d'un puissant ROOAAAR! incapable de retenir mon ardeur. Le son du Mustang fait tourner les têtes des quidams rassemblés dans le stationnement du Tim Hortons. Pour en rajouter, je fais jouer un CD de Voivod, monte le volume à fond, fais grincer les pneus, et laisse une impressionnante traînée de fumée blanche derrière moi.

— *Killing technology* me fait capoter.
— T'as pas dit qu'il fallait passer incognito tantôt?
— Euh... oui, en effet.
— Tu peux ben parler Beaulieu. T'es pas ben mieux.

Le despérado me ramène à l'ordre. Il a bien raison. Quand j'y pense, les moralistes sont souvent les premiers à faire les choses qu'ils reprochent aux autres. Enfer et damnation... J'en fais partie! Je suis sans le moindre argument, incapable d'ajouter quoi que ce soit. Nonobstant ses comportements parfois violents, Dean a une certaine sagesse. Il est simplement issu d'un milieu brutal qui lui a valu ses instincts de survie.

— Hey Dan, t'as l'air fatigué.
— J'me sens pas d'attaque pour la route.
— C'est encore loin Rouyn-Noranda?
— Un bon six heures, si on s'arrête pas.
— Passe-moi l'volant.
— Ça va aller.
— Passe-le-moi j'te dis.

J'hésite un instant, mais baisse vite les bras devant son insistance. Je m'arrête ainsi dans l'entrée d'un casse-croûte, m'allume une cigarette et m'assois derrière avec Marie, ne songeant qu'à me reposer, sans le moindre souci.

Sitôt du côté conducteur, Dean fait brusquement demi-tour.

— Hey! tu vas où comme ça?
— Dans un endroit secret.

Marie me regarde, comme excitée à l'idée de se retrouver perdus tous les trois dans un lieu mystérieux. J'ai le sentiment que tout est possible, que Dean pourrait nous amener chez des amis à lui, ou même des ennemis. Dans quoi nous entraîne-t-il?

— Si c'est pour régler tes affaires personnelles, j'aime mieux ne pas être là.
— Pantoute! Fais-moi confiance.

Épuisé, et voulant surtout éviter la discorde, je n'ajoute rien. Comprendre ses réelles intentions n'est jamais facile. C'est comme avec lui! Tel un bon truand, il tarabuste les gens jusqu'à obtenir ce qu'il veut.

— J'imagine que c'est en nature, demande Marie.
— Bien sûr!
— C'est loin?
— Non, mais un endroit comme celui-là devrait l'être.
— Arrête ton p'tit jeu, c'est où?
— C'est mon refuge personnel.

Les feux de circulation passent toujours au jaune chaque fois que nous les croisons. Dean fait gronder le moteur dans une accélération effrénée pour éviter le rouge. Nous passons les intersections en un éclair pour ensuite nous retrouver à la sortie Sud de la ville, près des concessionnaires automobiles. D'un coup de volant brusque, il emprunte un rang dont le panneau semble indiquer le nom d'un lac, ou d'une rivière?

— Hey! C'est pas vraiment un bon moment pour aller s'baigner.
— Qui a dit qu'on allait faire ça!
— J'me fie à la pancarte…
— Arrête de stresser Beaulieu, relaxe!
— *Man*, tu nous amènes où?
— Fie-toi à ton intuition… On va voir si elle est bonne.

Quelques chansons plus tard, nous nous butons à une barrière métallique avec l'écriteau *Keep away*, à l'entrée d'un sentier pédestre.

— On y est!
— C'est un terrain privé ici?
— Peut-être?

— On risque d'avoir des ennuis, partons.

— Les nerfs! J'passe ici chaque été et j'ai jamais reçu aucun avertissement, ni même jamais vu personne. Relaxez-vous un peu et laissez-moi vous faire vivre un p'tit moment d'extase.

Dean prend ses bagages dans le coffre et nous fait signe de le suivre. Nous sautons la barrière et entamons la marche, subjugués par son assurance et sa soudaine félicité. Il se fait tard. Le soleil se couche. Le décor boisé plonge tranquillement dans la pénombre où résonne le chant de milliers de grenouilles et d'insectes, cachés dans l'herbe et les étangs qui longent le sentier. L'endroit semble peu fréquenté. J'en suis à me demander s'il ne s'agit pas d'une cachette où Dean viendrait voler de la marijuana, cultivée par ses ennemis. J'angoisse terriblement. J'imagine le scénario : un homme armé qui ressurgit de nulle part et qui nous fait la peau. Non! Pas tout de suite! Notre aventure est bien trop jeune pour un dénouement tragique. Dean veut tout simplement nous montrer un de ces lieux où il va pour décompresser, quand il passe par là. Voilà tout!

— C'est encore loin?
— Pas tellement.
— La noirceur tombe. On va galérer.
— Fais-moi donc confiance, Beaulieu.

Le sentier s'élargit et débouche sur un grand bassin d'eau claire, ceint de sable et de gravier, faisant penser à un site préservé dans un parc national. Dans un élan d'excitation, Dean laisse tomber ses bagages, se déshabille, traverse la brume de chaleur qui couvre l'eau et plonge tête première.

« Venez-vous-en! C'est une pisciculture! »

L'euphorie s'empare de Marie qui n'hésite pas à le suivre. J'en fais autant; l'eau est chaude et limpide comme le cristal. Je ressens un profond apaisement qui me donne une sensation de légèreté. Toutes les hostilités de la journée sont maintenant oubliées. C'est une vraie purification : même Dean sourit! Je ne l'ai jamais vu dans cet état auparavant, puisqu'il cache normalement ses sentiments pour préserver son image de dur, mais pas ce soir! Il dégage une touchante sincérité, comme s'il goûtait pour la première fois de sa vie à la plénitude de son existence. L'amour universel plane dans l'air. Marie et moi sommes dans la même transe de tendresse, vibrant d'une sensibilité indescriptible. Le voile de tout un chacun est levé. Ici, nous sommes tels que nous sommes, sans notre passé, purs, comme des enfants tout frais sortis du ventre maternel, qui ne pensent qu'à tirer plaisir de chaque moment, chaque occasion de la vie. Je voudrais que le temps s'arrête et demeurer dans cette sensibilité pour l'éternité. Quel moment magique! Quel lieu enchanté! Dean m'étonne; il savait exactement ce dont nous avions besoin pour resserrer nos liens d'amitié. Le *dream team* est de retour.

Une pleine lune blanche éclatante se reflète bientôt sur l'eau, tel un miroir. Le temps nous a filé ente les doigts. Ainsi, nous avons décidé d'installer la tente pour y passer la nuit.

Les derniers piquets plantés, nous nous entassons dans le peu d'espace qu'offre l'habitation, tiraillant amicalement les couvertures et les oreillers qui virevoltent dans les airs. Nous luttons à l'instar d'enfants excités, refusant d'aller dormir. Marie s'épuise vite à nous frapper et s'allonge entre nous deux, tout époumonée. Je resserre la distance. Sa main passe tout doucement sur mon visage chaud, trempé de sueur. Un instant à se contempler dans une extase de tendresse et elle me saisit le menton; le baiser est furtif. Elle tourne la tête et embrasse Dean à son tour, de la même manière. Il me regarde d'un air vicieux, comme s'il anticipait stratégiquement la suite des choses. Je le sens plus à l'aise que moi, comme s'il avait davantage vécu ce genre de situations. Toujours aussi imprévisible que surprenant, il prend le temps de rouler un joint que nous baptisons « le joint du péché. » Désirant jouir sans entraves, nous le fumons avec avidité, telle une solution à notre gêne. Et ça fonctionne!

Un exercice ludique de massothérapie s'ensuit et allume un désir charnel auquel nous résistons difficilement. Le jeu devient de plus en plus sensuel. Dean lui caresse les seins tout en l'embrassant goulûment. Elle tourne aussitôt la tête et m'invite à en faire autant. L'intensité grimpe, mais j'hésite cependant à passer à l'acte. J'ai peur, voilà tout! Peur que la chimie de notre trio en soit affectée; une jalousie pourrait prendre place et tout détruire. S'abandonner ou résister? Trop tard! Les capotes sont sorties et déjà enfilées. Marie se caresse lascivement et nous invite à la pénétrer. Elle échappe un petit « Miam-miam! *Guys* » et nos trois corps s'entrechoquent comme des comètes. J'écarte son cul, dur et bombé, et m'enfonce en douceur dans son anus, alors que Dean la prend par devant. Ce n'est pas long que les poussées s'intensifient dans une accélération de bassin, attisée par son langage vicieux; les paroles qu'elle prononce sont d'une éloquence naturelle et convaincante. Elle encaisse l'assaut comme une pro, sans douleur, et en demande vite davantage. Nous nous exécutons librement à sa guise, à ses ordres de la couvrir d'insultes, de la « biter » comme une inculte salope dont le seul mérite est de se faire gicler en pleine gueule. Nos cris de jouissances sont tantôt aigus, tantôt graves, étouffés et perçants; un vrai concert symphonique duquel les tonalités changent constamment, au rythme de nos glands. Dean lui « sproute » bestialement la vulve de laquelle le jus coule en abondance et mouille les draps. Je lui fais de grands yeux ronds, tout excité. Il s'ensuit un clin d'œil; il comprend mon envie et les rôles sont aussitôt inversés.

J'enfile une capote neuve et m'enfonce dans sa chatte, coulante et serrée à souhait, me régalant tout doucement de son intérieur. Plus rien ne nous retient. Nous sommes tous les trois obnubilés par une sexualité bestiale. Une sexualité à travers laquelle nous exprimons le refoulement de nos pulsions, enfouies sous les fausses joies d'une vie pleine de rêveries, depuis bien trop longtemps.

Les ébats prennent une tournure un peu plus ardente quand Marie me claque l'arrière-train et me suggère de lui rendre la fessée. Je m'exécute à son désir. Dean en fait autant, en utilisant un langage cru, à la limite de l'obscénité; tout semble permis. Le jeu du dominant-dominé nous amuse, ouvrant la porte à une panoplie de fantaisies, aussi folles soient-elles. Toutefois, je suis incapable d'égaler Dean, beaucoup plus endurant. Il n'y a pas dix minutes que nous baisons que j'émets un râle strident avant de jouir comme un con. *Game Over! What to do now?* Embarrassé par une si piètre performance, je fuis à l'extérieur, sans dire un mot, et me jette à l'eau pour me ressaisir. Les « Haaaaaa oui! Haaaa oui! » persistent malgré mon absence. Honte et dégoût sur ma race! À quoi bon vivre si je n'ai même plus la capacité de satisfaire une fille.

Je lève la tête vers le ciel étoilé qui me procure mille et une pensées. L'infini me captive. Les bras tout hauts, je soliloque mon désespoir au créateur, convaincu qu'il peut m'entendre.

« Les plaisirs de la chatte, mon réconfort… ma seule raison de vivre. Oh! Grand Manitou. Laissez-moi profiter pleinement de cette dimension vagino-temporelle, moi, Danny Beaulieu, minable terrien à l'existence insensée que je suis. L'impulsion d'une folle passion est si libératrice… Il y a des « jutes » que j'en rêve! L'orgasmatron ne pourra subsister bien longtemps sans votre aide. Je Vous en prie, donnez-moi la force de bander à nouveau et je Vous jure de combattre la bêtise humaine *ad vitam æternam.* »

Une étrange sensation de picotement m'envahit soudain le périnée, jusqu'au plus profond de l'anus. Croyant que l'univers m'a répondu, je file vers la tente pour continuer l'extase entamée.

J'entre en coup de vent. Dean est sur Marie en *doggy style*. Je me branle tandis qu'il l'a satisfait. Un sourire vicieux se dessine sur ses lèvres lorsqu'elle voit mon excitation — j'ai la queue dure comme l'acier! Elle m'invite à prendre place devant d'un regard aguichant, en se léchant les lèvres. Sa tête valse, devant derrière, la main prenant la forme de ma verge qui se fait dévorer entre sa bouche, pulpeuse, lisse, moulue à la forme présentée. Quel maniement de gland! C'est un parfait va-et-vient, rapide et dévoreur, digne d'une scène de film porno.

« T'es un vicieux Beaulieu… un gros vicieux. T'aimes ça queuter des p'tites chattes comme moi, hein. Aller, dis-le-moi. »

Ses paroles stimulent un élan d'excitation, incontrôlable. Je lui tire les cheveux d'un mouvement brusque. La tête penchée en arrière, elle me fixe d'un regard suppliant une réplique… impossible! Je suis perdu dans ses yeux bleu azur qui me pénètrent l'âme; ils ont le même éclat de cristal, la même profondeur que ceux de Mathilde. Qu'elle est belle! Qu'elle est parfaite! Ça ne fait aucun doute : Dieu est le plus grand des artistes! Dire qu'on aurait pu ne jamais « venir » ici. Dire qu'on aurait pu continuer notre chemin avec cette mauvaise énergie jusqu'à Rouyn-Noranda. Gloire à la truite!

Au crépuscule du matin, un vrombissement de moteur me tire de mon sommeil. Je réalise soudain qu'il pourrait s'agir d'un garde-chasse, attiré par la voiture laissée en évidence à l'entrée du sentier. En proie à l'inquiétude, je me tourne vers Dean et Marie, mais ceux-ci dorment toujours profondément. Leur ronflement persiste, malgré les : « Réveillez-vous! » de ma voix rauque et apeurée.

Le moteur s'éteint. J'hésite à sortir. Je distingue tout de suite des bruits de pas, ainsi que des chuchotements; ils sont au moins trois à se diriger vers la tente. Mon intuition me dit qu'il se complote quelque chose, que nous sommes bêtement tombés dans une espèce de traquenard, tendu par les autorités. Je pense sitôt à la Mustang remplie de dope. Un frisson d'angoisse m'envahit. Comment allons-nous nous en sortir?

« Reste calme, tout va bien allez. Suffit de jouer aux innocents et d'invoquer leur clémence... Un miracle, je commande un miracle à l'univers pour nous sortir de là. Cette aventure me passionne, me rend heureux comme jamais. Je vis l'extase en compagnie de mes amis. Plus rien ne m'importe, sinon ces petits moments de bonheur fugace. Aidez-nous Bon Dieu! Aidez-nous à contrer les obstacles entravant notre liberté, notre seule raison de vivre. »

J'entends un grincement métallique de walkie-talkie à quelques mètres de la tente. La scène devient de plus en plus claire dans ma tête : une patrouille se met en position pour nous coincer et nous arrêter. Je prends une grande respiration et dézippe d'un trait l'ouverture de la tente, prêt à négocier avec les autorités. Mon cœur bat jusque dans mes tympans. Je sors les pieds en premier et sens sitôt de fines gouttelettes me tomber sur les jambes. Le tonnerre gronde sous un ciel grenat. Je reste immobile, le corps à demi sorti, espérant qu'un furieux torrent les fasse fuir. Bingo! Les éléments se déchaînent comme une réponse à ma prière. De violentes bourrasques vivifient la pluie et font courber les arbres dont les branches se brisent et partent à la volée. Un éclair frappe tout prêt. La détonation est terrible et donne l'impression de faire trembler la terre. Si bien que les mystérieux hommes décident de fuir précipitamment. Les pas s'éloignent dans un grouillement confus dirigé par un code radio indéchiffrable. S'ensuit le grondement de l'engin qui démarre à toute allure et qui file vers le sentier. Je sors la tête dehors et n'aperçois personne.

— C'était quoi c'bruit-là?
— J'sais pas, des gardes-chasses peut-être?

Dean affiche un air confus avant d'ajouter :

— Ça fait dix ans que j'viens ici, chaque année, et j'en ai jamais vu. C'était sûrement des gens qui venaient s'baigner.
— J'pense pas. Ils s'approchaient d'la tente en douce, avec des walkies-talkies... et un drôle de code.

Marie nous écoute débattre et demande naïvement :

— Quoi? On n'a pas l'droit d'être ici?
— Plus ou moins, lui répond Dean.
— Partons vite!
— Sûrement pas. Du moins, pas avec cette averse-là.

La tension monte d'un cran. Marie et moi voulons quitter les lieux sur-le-champ. Dean persiste cependant à croire qu'il n'y a aucun danger et préfère attendre une éclaircie.

— Pas question. C'était des flics tantôt qui rôdaient tout près, j'en suis certain! Faut s'en aller, Dean.

Il me regarde enfin d'un air préoccupé.

J'en ajoute :

— Sérieux, ça vaut pas l'coup. On risque de s'faire prendre avec six kilos de hasch, juste pour rester sec. Penses-y comme l'faut.

Je vois son visage se crisper de colère. Il sort de la tente d'un coup sec et commence à la démonter, alors que nous sommes toujours à l'intérieur.

Marie me fait des yeux hébétés avant d'ajouter :

— Quoi! Vous trimbalez six kilos de hasch!
— Oui Marie.
— Pour faire quoi?

Bien que cela me semble évident, je m'abstiens de lui répondre. Elle s'accroche à la question, comme pour se rassurer. Je la vois passer par tous les stades. Elle se sent trahie et voudrait comprendre ce qu'on fait avec une telle quantité de drogue.

— Vous auriez pu m'avertir! Pas d'chances à prendre avec ça. On décâlisse, ça presse!

Nous ramassons nos affaires en un éclair. La Mustang chargée à la hâte, nous quittons le site de la pisciculture à vive allure. Dean maintient un inquiétant silence qu'il brise d'un : « Passe-moi les clefs. » Je lui lance le trousseau, sans trop réfléchir. Il aime conduire et j'estime qu'il changera d'humeur si je lui accorde cette faveur. Il prend place derrière le volant et démarre le moteur. Le gravier part à la volée dans une traînée grisâtre soulevée par un puissant ROAAAARRRRR! Sa colère dégénère. Il l'évacue en écrasant l'accélérateur au plancher. La voiture glisse d'un côté vers l'autre : il négocie les virages à une vitesse démesurée. Sans compter que l'averse rend la vision pratiquement nulle. Marie et moi sommes muets, mais je sais très bien qu'il veut nous amener à parler. Son petit jeu persiste et ne va pas tarder à éveiller l'irascibilité de Marie.

« Si tu veux mourir, laisse-moi débarquer… imbécile! »
— Peux-tu modérer la vitesse?

Aucune réponse.

« Ralentis ciboire. »

— T'es méfiant, avec raison, mais faut pas capoter. Marie n'ira certainement pas nous dénoncer.

— Tabarnak! Sais-tu comment ça vaut six kilos de hasch, Dan?

— Non… pas vraiment?

— Assez pour prendre de longues vacances. Des vacances que j'veux prendre dans l'sud, pas en prison.

« J'va fermer ma gueule, les gars. »

— Prends le pas personnel, Marie.

« J'comprends Dean. Mais tu nous fais peur là, mieux vaudrait céder l'volant à Dan. »

— J'suis calme, là.

« Pas sûre. »

— Moé non plus.

— Bon OK! J'ai compris.

Enfin rattrapé par le gros bon sens, il ralentit jusqu'à s'arrêter complètement en bordure du rang. Nous ouvrons simultanément nos portes, prêts à faire le transfert, quand soudain :

— Faites-moi plaisir, prononce Marie.

— Tu sais conduire toi?

— Franchement, Dan!

— C'est quand même une V8 5.0 L GT.

— Mon ex a une Corvette V8 de 5.7 L. J'ai l'habitude des gros moteurs.

— Ouan…

J'allais m'échapper et faire la fameuse blague, souhaitant faire oublier cet épisode de rage au volant. Je me ravise cependant au dernier moment et prononce simplement : « OK! belle noire » pour clore la discussion.

Le soleil est de retour sur la 117 Nord, en direction de Rouyn-Noranda. Le parc de La Vérendrye approche. Dean et Marie devinent le mal-être qui m'habite, car je n'ai jamais repris ce chemin depuis que Mathilde a disparu. Les souvenirs m'emportent, telle une vague au passage. Je n'étais pas prêt! Je me sens émotionnellement faible, engagé dans une lutte inégale contre mes vieux démons.

Le despérado est d'humeur maussade et soliloque des bêtises que nous ignorons en fredonnant des bouts de chansons. J'imagine facilement un autre accroc au déroulement de cette dernière étape. La douce musique de Brel tempère malgré tout l'atmosphère peuplée d'incertitudes qui règne à bord. Personne n'ose rien dire, de peur d'attiser à nouveau la chicane. La route s'annonce longue. Je ferme les yeux et je m'enivre des paroles de mon idole, tombant sous l'emprise de la sensibilité.

— Dan, ça vas-tu?
— C'est rien, c'est juste la musique.
— Tu penses à Mathilde.
— Un peu…
— C'est ici qu'elle s'est fait Kidnappée?
— Pas tout à fait, mais on s'en approche.

Elle me regarde d'un air questionneur, et puis :

— J'me demande si…
— Si quoi?
— Si tu rêves à elle parfois?
— Depuis le jour où elle a disparu. D'ailleurs, c'est toujours le même rêve.

— Si c'est trop douloureux…
— Non! Au contraire. Ça m'plaît d'en parler. C'est ma thérapie.
— Comment elle est? J'veux dire, physiquement, dans tes rêves.
— Comme avant. Aussi belle qu'il y a treize ans. De toute façon, j'pourrais pas l'imaginer autrement.
— Raconte-moi un peu.

Marie conduit comme une championne, tout en m'écoutant religieusement. Elle manie la boîte de vitesses avec adresse, sans la moindre secousse, passant constamment de la cinquième à la quatrième, en constante accélération. Un sourire se dessine sur ses lèvres chaque fois qu'elle dépasse une voiture. Ça ne fait aucun doute : elle aime les bolides rapides. À une allure pareille, nous ne tarderons pas à arriver à destination.

— Ralentis un peu.
— T'as raison. C'est l'excitation qui m'fait appuyer à fond. J'ai pas conduit depuis deux ans.
— Quoi?
— Relaxe! J'ai toujours mon permis.
— J'espère calvaire!
— Tiens, regarde.

À peine me l'a-t-elle montré qu'une auto-patrouille de la SQ nous suit avec les gyrophares allumés. Dans l'angoisse, la scène paraît durer une éternité. Mais en vrai, il ne faut pas plus de quelques secondes pour se retrouver nez à nez avec un officier à l'air maussade, comme un cul flasque.

— Permis et assurance, prononce-t-il d'un ton sec.

Elle sort mon portefeuille et obtempère.

— La voiture est à vous?
— Non.
— C'est à qui?
— C'est à moi M. l'agent, réponds-je en tournant la tête.

En réalité, je voulais prononcer M. l'Air de cul, mais je n'en fis rien.

— V'là mes assurances.
— Je reviens, dit-il, telle une promesse.

Marie se sent visiblement responsable de cette situation risquée dans laquelle nous sommes plongés. Elle observe les faits et gestes du policier par l'entremise du rétroviseur. La main agrippée à une mèche de cheveux qu'elle s'entortille en boudin, elle donne l'impression de réfléchir à un plan. La tension est palpable. Tout peut se terminer ici.

— Sacrament! crié-je en guise de désespoir.
— Quoi?
— J'ai pas encore payé mes plaques.
— Du calme, j'vais arranger ça les gars. Séduction masculine 101. Observez la reine!

Marie se prépare à passer à l'action et bombe le torse, prête à envoûter les autorités pour nous sauver. Elle claque la portière et se dirige vers l'auto-patrouille en adoptant une démarche sensuelle; son *catwalk* est parfait! Les bras appuyés sur le seuil de la vitre, elle discute avec le « con stable » en prenant des poses aguichantes, à la limite de la provocation. Elle resserre la distance, s'expose la fente mammaire, se dandine le corps telle une chatte en chaleur, prête à s'accoupler avec le mâle dominant. Nous sommes fascinés par son audace. Elle joue la sotte comme une vraie pro, comme si elle avait l'habitude de s'attirer des faveurs grâce à ce rôle, si naturel pour elle.

Les échanges vont bon train, laissent supposer qu'elle tient la situation bien en main.

— T'en dis quoi toi?
— J'en dis qu'il va mordre. On va filer avec la dope, sans problème. Pas facile de raisonner, surtout bandé d'même.
— Allez Marie!

Elle glisse sa main dans ses cheveux et revient vers la Mustang avec la même démarche. Le cœur me palpite. Marie aurait-elle déjoué le sombre dénouement qui nous était réservé?

— Un simple avertissement. Pas mal, hein!
— Sérieux?
— *Dead serious.*

Je pousse un soupir de soulagement. Dès cet instant, je savais que le destin allait s'occuper de tous les obstacles mis au travers de notre chemin. Les dieux étaient favorables à notre cause. Rien ne pouvait plus nous arrêter. Pas même les autorités!

Je ne douterai plus.

3

Val-d'Or a peut-être de l'or dans son sous-sol, mais pas en surface. Cette ville me déprime plus que tout; je la déteste!

Dès notre arrivée, Dean me demande d'arrêter au Blue Light. Je m'exécute et gare la Mustang juste en face, sachant qu'il s'agira de la première transaction de dope. Il descend d'un air insouciant, ouvre le coffre, prend la marchandise, et prononce : « Je reviens dans dix », avant de disparaître dans l'obscur établissement de tous les vices.

Marie et moi attendons dans la voiture, impassibles vis-à-vis les regards des clients qui entrent et sortent successivement en petits groupes, majoritairement composés d'hommes tatoués à l'allure sinistre. Je suis inquiet, réalise, comme toujours, l'ampleur du risque à partir du moment où je suis devant. Nous empiétons sur les platesbandes de gens dangereux, peu indulgents, et surtout intolérants avec la compétition. Comment réagirais-je si quelque chose tournait mal? Dean m'a toujours défendu, tel un ange gardien, même dans les pires circonstances. Toutefois, je ne pourrais certainement pas lui venir en aide dans ce contexte-ci. La fuite serait la seule réaction logique.

Une fille sort du bar dans un bruyant éclat de rire. Elle descend le balcon bondé de fumeurs, s'installe dos au mur, s'allume une cigarette et me fixe droit dans les yeux. Son air patibulaire de rockeuse téméraire me plaît; elle paraît tout aussi mystérieuse qu'audacieuse, dégage un magnétisme hors pair, à cristalliser l'attention tout autour. Je maintiens le regard. Ni l'un ni l'autre ne flanche. Des volutes de fumée s'échappent de ses longues mèches de cheveux colorées et touffues qu'elles renvoient délicatement vers l'arrière, dévoilant ainsi son cou tatoué d'étoiles filantes et ses oreilles percées; les anneaux torsadés brillent sous la lumière de l'entrée comme de l'argenterie. Quel look d'enfer.

« Trop gothique pour être danseuse, mais assez sympathique pour être serveuse », pensé-je.

Elle remue la tête de gauche à droite en signe de refus, comme si elle lisait dans mes pensées et me répondait : « Tu te trompes! J'suis pas danseuse, ni serveuse. Et arrête de me juger, du con. » Stupéfait, je suis tenté d'aller lui parler pour confirmer mes doutes : ceux d'une étrange familiarité. J'hésite un peu; l'approche ne serait sûrement pas facile. Son charme naturel opère. Elle se retrouve vite ceinte d'une horde de gars qui tentent de lui arracher un brin de conversation, mais en vain. Ces gros gaillards, modernes Valdoriens vêtus à l'effigie de la compagnie pour laquelle ils travaillent, sont ridicules, à même leur discours. Ils ne parlent que de mines, comparant leur salaire et leur contrat sans discrétion, tout ça pour tenter d'impressionner une femme que la population au grand complet tente probablement de s'arracher. Elle est visiblement lassée par leur insistance; les voilà qui parlent soudainement de cul pour tenter de la provoquer. Les questions sur sa vie intime fusent, mais elle demeure discrète, précisant simplement qu'un homme comble déjà ses besoins physiques. Enfin, elle les repousse un à un en utilisant un langage bien choisi, à la limite de la raillerie. Insultés, ils entrent à l'intérieur en lâchant un : « *Bitch* de bar » auquel elle n'attache aucune importance. Son regard revient vers le mien. Je dois aller à sa rencontre. Je crois bien qu'elle n'attend que ça. J'aimerais tout de même trouver des mots accrocheurs pour me démarquer de ces abrutis. Trop peu trop tard! Le despérado est de retour au même moment.

« Argent facile! »

Son sourire me confirme que tout s'est bien déroulé. Il me tape sur l'épaule et me fait signe de démarrer. Mon attention est vite détournée par un claquement de liasses de billets sur l'épaule. Il compte la somme, deux, trois et puis quatre fois, soustrait ensuite ma part et la dépose sur ma cuisse. Je regarde les coupures brunes et rouges avec un sourire malicieux, fier de notre coup, et les range sans plus tarder dans mon porte-monnaie, les mains tremblantes d'excitation.

— Wow! C'était rapide ça.
— Avec moé, ça niaise jamais ben longtemps.
— On fait quoi maintenant?
— On s'en va à Rouyn-Noranda.
— Félicitation, t'arrives à l'prononcer correctement astheure.

Marie décide de s'en mêler.

— Wô les moteurs! C'est trop précipité comme rythme ce voyage-là. J'suis complètement brûlée. Pis à voir vos faces, j'suis sûrement pas la seule.

Nous sommes sans réplique, ce qui lui donne la chance de prendre la situation en main.

— Y'é tard! Passons donc la nuit ici. J'connais une place où camper, sur le bord d'un p'tit lac. Et puis, c'est à mon tour de vous faire découvrir mon endroit secret.

***

Un crépuscule de nacre et d'or illumine l'Occident tandis que le lointain Orient s'agite dès les premières lueurs de l'aube. La vie mène son cours. Le son de clochettes et de la voix sacrée des vieux moines résonnent sur la montagne, sillonnée de chemins abrupts sur lesquels s'aventurent les chauffeurs les plus téméraires : ceux du commerce du charbon. Tout en bas, dans la vallée, la ville se noie dans un épais brouillard gris qui rend l'ambiance morose. La saison des pluies affecte l'humeur des gens, les rendant irascibles, parfois même violents. Aujourd'hui, avec des journées de la sorte, il fait doublement bon de vivre au monastère.

Les nonnes lavent leurs vêtements avec entrain, comme à chaque matin depuis tant d'années. Un tumulte joyeux se répand sur toute la communauté, même lors des journées de tâches; elles se sont conditionnées à ne jamais plus se plaindre de leur existence, de croire à quelque chose de plus réel qu'un monde gouverné par l'amour du gain. La vie monastique qu'elles partagent en retrait du monde, mais à proximité des moines, dérange parfois les anciens à l'esprit beaucoup plus conservateur, et rattaché à leurs vieux dogmes religieux; ils voudraient voir ces femmes cloîtrées à l'intérieur des murs et prétendre qu'elles n'existent pas. Ces hommes de foi sont soumis à une tentation récurrente, source même du problème qu'ils ont tendance à ignorer; car la vénusté de ces nonnes est marquante. Si marquante…

Un vieux bonze jette un regard méprisant sur le groupe de femmes et s'en approche. En bordure de la rivière, il se met à déblatérer des insultes sexistes devant toute la communauté monastique. Elles en font d'abord fi, faisant la lessive des accoutrements colorés qu'elles portent. Il agite les bras, animé d'une colère dont on ignore encore la source. Personne ne bouge. Personne ne parle. Le chef exerce son autorité comme bon lui semble, sans retenue. Les nonnes, habituées à ce traitement injuste, baissent la tête en signe de soumission. Il se dirige vers la plus jolie d'entre elles et lui remet une lettre, créant un suspense insoutenable qui maintient tout le monde sur un qui-vive, par crainte d'être le sujet d'un nouveau scandale; ils ne cessent de frapper depuis les derniers mois. La jeune nonne lit attentivement le document avant de s'en retourner au monastère, l'air abattu. Une importante nouvelle vient de lui parvenir de loin. Quelque chose de crucial qui changera sans doute sa vie… à tout jamais!

***

Le soleil couchant irise le plumage des canards sur le bord du Lac des Frères, là où Marie nous a conduits. Quoique connu de tous les Valdoriens, le lieu n'est pas trop peuplé en cette fin de chaude journée d'été.

— Vous en dites quoi les gars?
— Ça pas grand-chose de secret, mais c'est tout d'même joli.
« C'est parfait. »
— Moi, au moins, mon endroit était vraiment secret.
« *Come on* Dean! Arrête de t'en faire. On part à Rouyn-Noranda dès demain. »
— Ouan, juste que j'aime pas…
« Relaxe! T'as toujours le contrôle. J'sais qu't'aimes pas changer les plans. »
— Tu veux plutôt dire : y'aime pas que quelqu'un d'autre change le plan.
« Vous allez pas recommencer à vous obstiner. »

Je sens naître une discorde entre Dean et Marie. Depuis peu, ils ont tous deux tendance à se lancer des remarques méprisantes. J'ignore quand tout a commencé, mais le caractère dominant de l'un et de l'autre s'entrechoque et fait monter la tension un peu plus à chaque fois. Ils sont toujours en désaccord, comme à l'opposé dans leur raisonnement, et ce, peu importe le sujet dont il est question. Les accrochages sont cependant brefs, et sans rancune.

Les derniers occupants partis, nous ramassons du bois sec en bordure de la plage et allumons un feu à l'intérieur d'un cercle de pierre. Les branches de sapins que j'ajoute font monter les flammes et créent une épaisse fumée chassant les moustiques; ils n'auront eu qu'un court instant pour se régaler de notre peau à découvert. Tout est calme. Tout est harmonie. L'Abitibi me redonne un peu de ce bonheur perdu; je me sens heureux, ici même dans l'instant. Ses incroyables lacs cernés d'épaisses forêts de conifères m'ont bien manqué. Décidément, je reconnecte avec mes racines.

— J'suis content d'être finalement revenu dans l'coin. Ça faisait tellement longtemps... J'en avais besoin.
— Moi aussi les gars. Merci de m'avoir amenée avec vous autres.
« Hey, c'est normal. Le mouvement en groupe, c'est toujours un peu périlleux. Pis j'suis ben heureux d'être là, moé tout. »

Nos visages brillent d'une joie sereine. Assis sur nos bûches, les yeux levés vers le ciel teinté rouge-orangé, nous contemplons l'instant et plongeons dans cette sensibilité qui répand la pureté de nos âmes, repenties à la candeur. Le crépitement des flammes résonne d'une cadence constante, absorbe mes pensées diffuses et tous mes tracas, comme par enchantement. Maintenant, plus rien ne vient se loger dans mon esprit. Maintenant, je suis conscient de la beauté du moment — il nous échappe si souvent! Je m'enivre de l'odeur du bois brûlé, du doux frémissement des feuilles et des parfums de la forêt, tant apaisante, près comme jamais de cet état de plénitude qui mène au bonheur.

Le calme ranime soudain de vieux souvenirs d'enfance : ceux passés au chalet familial. Je ferme les yeux et m'enfonce dans le temps de mes dix ans...

Le lac Fortune, royaume de la barbotte, était le centre de mon univers. Dès que l'année scolaire se terminait, j'allais rejoindre mon grand-père qui habitait la place depuis sa retraite bien méritée du Canadien National. J'y passais des étés de rêve, en toute liberté, à m'évader dans les bois sur le VTT, en compagnie de la fille d'à côté : une jolie blondinette aux joues rouges et bouffies. Mes parents connaissaient ses parents, et vice-versa, ce qui avait déclenché cette sympathique proximité. Nous étions des âmes sœurs, inséparables, confiés à la nature comme deux orphelins pour la période estivale. Cette étape de ma vie était magique, riche en amour et en affection, bourrée d'une joie enfantine dont tout le monde rêve à cet âge. Sujets à bien des tentations, nous allions dans « la petite cabane », où nous entrions dans une dimension ludique, à expérimenter toutes sortes de jeux sensuels, nécessaires à notre évolution, et ce, dans un lieu édénique, imprégné de bonheur, de l'enfance jusqu'à l'adolescence. Mais comme la vie s'amuse à mettre des gens significatifs sur notre chemin et à les faire ensuite disparaître, parfois cruellement, je perdis contact avec la fille d'à côté, vers l'âge de seize ans, ne conservant d'elle que ces doux souvenirs d'été. Qu'était-il advenu d'elle après toutes ces années? Quelle réaction aurait-elle si le destin croisait nos chemins à nouveau?

— Hey Dean, j'veux partager un truc.
— Vas-y mon chum, des soirées comme celle-là, c'est fait pour ça, me répond-il candidement.

Je lui raconte mon histoire avec la fille d'à côté, passant de nos amusettes d'enfants les plus innocentes jusqu'à nos secrets les mieux gardés. Aussi lui raconté-je à propos de cette fille au style coloré du Blue Light, en espérant qu'il devine mes pensées. Bingo! Il pense ce que je pense, sans tout de même y attacher la même importance. Mon intuition me dit qu'elle pourrait être la fille d'à côté.

— Quossé qui t'fait croire que c'est elle?
— La façon avec laquelle elle me regardait… c'était comme si elle lisait dans mes pensées, comme si elle possédait un don. La fille d'à côté avait cette capacité. C'était hallucinant! Elle prononçait toujours les paroles que j'avais en tête avant moi. C'était impossible de lui cacher quoi que ce soit. Elle déchiffrait l'âme des gens. Une vraie sorcière. J'te jure!

Dean me confirme par des : « Ouan, mais » répétitif qu'il n'y croit pas. J'essaie tout de même de le convaincre en citant une histoire vécue ensemble : celle du clochard.

— Il était tout simplement délirant le pauvre, pas voyant.
— Rappelle-toi comment il nous a surpris.
— … Ça fait si longtemps!

Cet itinérant du faubourg passait ses journées à quêter dans les escaliers, tout prêt de l'ascenseur. Dean et moi le regardions à peine, même qu'on cherchait à l'éviter quand on passait par là, faisant fi de lui. Mais un jour, le vieux se leva promptement et se mit au travers de notre trajectoire, en descendant les escaliers. Il me saisit par le bras et me lança un regard foudroyant. J'ai poussé un hurlement et bondi comme un lièvre, pensant qu'il allait m'agresser. Au moment où j'allais me dégager, il me dit : « Il n'existe pas d'amour plus parfait qu'Agape, qui se trouve en Éros et Philos. Vous vous en approchez, toi et cette jolie fille aux yeux bleus. Mais gare à toi. Ne tiens rien pour acquis, car tout s'effondrera. » Estomaqué, je lui ai demandé davantage de précisions sur ces déclarations concernant mon couple, mais le vieux miséreux se contenta de me sourire, sans répondre. J'empruntais depuis ce jour sans cesse les escaliers du faubourg, espérant une autre révélation-choc, sans jamais retrouver sa trace. Je crus qu'il était rendu en prison, comme le sont souvent les mendiants à force de contraventions. Peut-être même avait-il prévu le coup pour l'hiver? À mon grand étonnement, il réapparut le printemps suivant, dès la fonte des neiges, flânant au même endroit avec son panier rempli d'ordures. Physiquement, il était le même : visage amaigri, marqué par le temps, recouvert d'une barbe grise et touffue. Quelque chose en lui avait cependant changé; il ne nous reconnaissait plus! Il soliloquait et faisait de la fausse reconnaissance, criant des injures aux passants vers lesquels il pointait sa canne d'un air menaçant. Le pauvre bougre souffrait visiblement d'un trouble psychotique, probablement dû à la solitude de la rue. J'étais triste de le voir dans cet état; je voulais comprendre son histoire! J'ai tenté de me renseigner auprès du monde de la rue, après quoi j'ai contacté toutes les ressources en santé mentale, mais rien. Personne ne le connaissait.

Ce mystère obscur allait m'envahir dès ce jour, et ce, pour plus d'une décennie.

— Si elle t'avait autant marqué cette fille, t'aurais pas oublié son nom.

Bien que l'affirmation soit juste, je ne peux l'expliquer. Tant de gens passent dans nos vies sans qu'on ait le souvenir de leur nom. La fille d'à côté n'avait pas échappé à la règle.

— De toute façon, tu lui dirais quoi si tu la voyais?
— Là n'est pas la question. Imagine juste un instant si elle possédait ce don, comme le clochard du faubourg. Elle saurait peut-être ce qui s'est passé avec Mathilde.

Marie propose :

« Pourquoi on n'y retournerait pas demain? »
— Pas question! Faut partir tôt demain, lance fermement Dean.
« T'as pas d'cœur Tremblay. Te rends-tu compte d'la signification que cette fille-là a pour lui. C'est quoi ton problème, t'as pas eu une enfance heureuse ou quoi? »

En colère, il réplique d'emblée :

— Tu peux ben parler toé… femme de policier qui aime s'faire maltraiter. C'est quoi ton problème, t'as pas eu une enfance heureuse?

La tension monte. Mais cette fois, elle perdure, comme si les deux allaient passer à un autre stade. Ils se lèvent subitement et s'engueulent dans un furieux face à face, enfreignant vite les limites de l'amabilité. Marie accable Dean de bien des reproches; elle le traite d'hypocrite, de manipulateur, de menteur et de minable arnaqueur au quotient amoindri par la drogue. Il réplique d'emblée, disant qu'elle ne cesse de jouer à la victime pour être le centre de l'attention, qu'elle cultive les problèmes dans le seul but de s'attirer un salvateur dont elle profitera — les deux ont en partie raison!

— Des filles compliquées, j'en connais plein! Mais c'que tu fais là… c'est vraiment digne d'une salope!

— Quoi?

Il a touché son point sensible, ce qui me tracasse. Elle devient folle et lui met une claque en pleine figure. Dean lui jette un regard torve et prononce : « Ma crisse d'effrontée, frappe-moé pu jamais. » Ses paroles sont d'une éloquence convaincante. Marie s'en moque et tente de le frapper à nouveau. Dean lui attrape cependant le bras et la retient. S'ensuivent les pleurs, les cris, et une lutte bien inégale au corps à corps. Il me faut agir vite. Spontanément, j'ai le réflexe de me mettre à nu pour détourner leur attention, sans effet; ils ne remarquent rien de mon costume d'Adam à l'extrémité démesurée, fièrement exposée. « À poil », crié-je d'une voix bestiale en me la secouant devant eux. L'efficacité de ma stupidité fait effet : tous deux se taisent et me regardent d'un air ébahi. Je m'élance vers le lac, plonge tête première dans l'eau fraîche et fait surface quelques mètres plus loin en criant : « Aweillez ma gang de lopettes, est bonne! » Les deux hésitent d'abord, se regardent, et se déshabillent ensuite en un tour de main. Les vêtements partent à la volée et atterrissent loin derrière eux. Le regard joyeux, ils me rejoignent d'un élan spontané, tels des enfants fous d'excitation, relâchés pour mauvaise conduite, après une longue et terrible retenue. Leur accès de haine s'est volatilisé, comme par magie. Victoire! La bêtise a supplanté la crise.

Les bras levés vers le ciel, je remercie l'univers de m'avoir inspiré cette folie. Les hostilités sont terminées. Marie dégage la même sincérité dont Dean nous a fait preuve à Mont-Laurier. Son regard témoigne de son attachement à notre trio, parfois si fragile; nos blessures du passé provoquent une douleur insupportable, à l'origine de notre impulsivité.

— T'es vraiment surprenant Beaulieu, pareil comme dans l'temps du cégep. Une connerie n'attend pas l'autre.
— Penses-tu?

— J'pense même que c'est pire.

Elle nage jusqu'à moi avec l'aisance et la fluidité d'une sirène, comme si l'eau circulait parfaitement le long de ses gracieuses courbes. Très près d'entrer en contact avec ses lèvres, elle me magnétise d'un regard langoureux. Ses irrésistibles yeux bleu azur me pénètrent l'âme et déclenchent en moi une violente et soudaine passion. Dean doit sûrement s'en rendre compte, raison pour laquelle il ne s'approche pas.

« Oh! Marie... dis-moi oui! Je baiserais cette salope de vie avec amour pour toujours. La bêtise humaine serait tellement plus facile à supporter avec toi. Tu es si belle, si parfaite! Tu donnes un sens à mon existence. La seule pensée que tout ceci finira par se terminer me torture l'âme. Depuis tant d'années que j'espérais revivre des moments comme ceux-là. Marie Marie Marieee... dis-moi oui! Grand Dieu, archanges, anges, saints et pécheurs, chrétiens, païens, circonciens et prépuciens... faites que cette aventure perdure encore longtemps et épargnez-moi cette impression d'esseulement... à tout jamais! » déliré-je en silence.

Les phares d'une voiture percent la noirceur et brisent notre moment d'intimité. Elle arrive à toute allure et s'arrête sur le bord de la plage, tout près de notre feu. Les fêtards de dernière heure descendent de la Camaro bleue indigo en faisant claquer les portes et en gueulant sur une musique agressive de type *Black Metal*. Ils nous font sentir leur présence en augmentant le son à une intensité démesurée, comme dans un party. Aussi sont-ils sans respect pour l'emplacement : ils lancent leurs bouteilles de bière vides dans le lac.

Nous sommes outrés d'assister à l'abâtardissement de la race humaine par une si belle soirée, qui était pourtant sans entrave jusque-là.

Dean les rappelle à l'ordre d'un : « Hey! Gang d'abrutis, ramassez-vous. »

Les trois gars se rapprochent de la plage tout en murmurant, comme s'ils se préparaient à nous faire un mauvais coup. L'un d'entre eux prend une pierre et la balance à quelques centimètres de nos têtes. Marie lâche un cri aigu qui fait rigoler les trois imbéciles, inconscients des dommages qu'ils auraient pu causer. Dean nous lâche un : « Pas d'panique gang, j'm'en charge » et rejoint calmement la plage à la nage. Mon cœur palpite; je n'ose pas croire qu'il va se mesurer seul à ces trois brutes!

Je m'approche discrètement d'eux pour mieux entendre la discussion. Des insultes sont lancées de part et d'autre, annonçant l'inévitable affrontement qui est sur le point d'éclater. Dean invite le groupe à quitter les lieux, prétextant que la pierre lancée est un acte amplement suffisant pour appeler la police et porter plainte. Mauvaise tactique! Le trio se moque du despérado, l'invite même à faire le travail.

« Tasse-nous donc d'icitte pour voir, nez plate. »

Dean répond à l'invitation et le pousse de ses grands bras. Celui-ci sourit malicieusement et réplique d'un coup de poing imprécis, ralenti par l'alcool, et rate sa cible. Le gros Amérindien aux joues bouffies reçoit d'emblée un crochet de la gauche en pleine mâchoire. L'impact fait ruisseler le sang de sa bouche charnue, mais ne l'envoie cependant pas au tapis. Le despérado réplique une deuxième, troisième et quatrième fois avant d'y parvenir.

« Vous venez pas aider votre chum? »

Les deux autres foncent simultanément sur Dean qui est plaqué au sol : BAAM! Maintenu sur le dos, il encaisse les nombreux coups portés à la tête. Il tente de se libérer de cette fâcheuse position en tournant sur lui-même, mais en vain. Les gaillards sont costauds et bien déterminés à lui faire payer son audace. Ils n'ont qu'à se coucher de tout leur long pour le maintenir au sol. Dean est pris au piège, et moi de panique. Marie me supplie de faire quelque chose, mais quoi? Je suis loin d'être un bagarreur. Merde alors! Je sors de l'eau et fonce dans le tas, sans réfléchir, obnubilé par une émotion plus forte que la raison. J'arrive par-derrière — à la manière d'un ennemi dangereusement sournois — et j'assène mes meilleurs coups de poing. J'ai visé juste : entre les deux omoplates. Ils se tordent de douleur et lâchent sitôt prise. Le despérado se relève et bondit d'un seul trait sur ses agresseurs, les yeux allumés de colère. Je sens une montée d'adrénaline me couler dans les veines, juste à le regarder se battre. Il lance des coups en combine, des deux mains, sur l'un et sur l'autre : BABANG! BABANG! BABABANG! Les giclées de sang partent à la volée, comme dans une arène de boxe. Dean est sans relâche. Même par terre, il continue à les frapper de toute sa rage, en criant férocement, telle une bête sauvage dont le mécanisme de survie est enclenché et impossible à stopper.

— Il va les tuer! Dis-lui d'arrêter, Dan.
— OK Dean, ça suffit comme ça. T'as gagné. Stop!

Il s'arrête enfin et se dresse fièrement, les bras ouverts en croix, imbu de lui-même. Le gros Amérindien aux joues bouffies sort des limbes et invite ses amis à quitter les lieux. Dean en profite pour les insulter une dernière fois, fier de lui.

« Tabarnak! On n'a plus les durs qu'on avait. Voulez-vous ben m'dire c'qui vous a ramollis d'même... gang de fifs! »

Ils sont sans réplique. La tête basse, ils filent vers la Camaro et disparaissent d'un puissant grondement de moteur qui fait lever le sable. Je suis soulagé.

— Tu cognes mon homme.
— La boxe, ça sert pas juste à gagner des médailles.
— Trois gars... j'en reviens pas! Comment t'as fait?
— Sans toi, j'm'en serais pas sorti de celle-là. Merci vieux. Tu peux être certain que j'va toujours être là pour te sauver l'cul.

Marie n'a pas aimé la scène. Elle va se réfugier dans la tente sans dire un mot, traumatisée par cette sanglante démonstration. J'ai le réflexe d'aller la rejoindre pour tenter de lui parler. Elle me fait cependant comprendre qu'elle désire être seule un moment pour réfléchir. Je tente de justifier l'acte de violence, prétextant que Dean ne cherchait qu'à nous défendre. Elle garde un mutisme absolu. Je me retire, déçu de sa réaction.

— Laisse la faire, ça va passer.
— Assez vite j'espère.

Je rejoins Dean près du feu.

— Trois gars estie! T'as pas eu peur?
— Non.
— J'ai paniqué quand t'étais à terre.
— Pourtant, t'as pas hésité à venir m'aider. Toujours aussi solidaire, mon Dan.
— Arrête-moi ça.
— Non, j'te dis! C'est rare de nos jours. Chacun vit pour soi dans sa petite bulle. Tout l'monde s'ignore. Tu fais un arrêt cardiaque sur la rue pis on t'enjambe au lieu t'aider... câlisse!
— J'pouvais pas regarder sans rien faire. Mais j't'avoue, j'ai eu peur. C'était des méchantes pièces d'hommes.

— Une gang de sans-génie! Tu peux pas savoir... J'en peux pu de ces douchebags-là. Crois-moi, j'veux juste vivre en paix et m'faire respecter! J'ai perdu tous mes chums à cause de mon caractère violent. J'essaye de m'contrôler, j'te jure Dan, j'essaye! Mais quand ça décolle... ça décolle en criss! Pis y'a juste toé qui peut m'arrêter.

— Estie d'animal! T'allais les tuer!

Il sort deux bières de la caisse sur laquelle il est assied et me surprend d'un :

— Attrape!

J'agrippe la canette au vol sans trop de difficultés.

— À notre amitié.

Je suis fier d'avoir eu l'audace de participer à l'affrontement. Une bonne baise, un bon coup d'argent, une bonne bataille... Tous les ingrédients nécessaires pour contenter mon amour-propre, et bien plus encore!

La nuit tombée, nous sommes installés dans la tente, distancés les uns les autres. Dean et Marie dorment profondément. Néanmoins, à la seule pensée que les trois brutes épaisses pourraient revenir pour se venger me tient éveillé. Je suis alerte, analysant chaque bruit et son qu'émet la forêt. Le sifflement tumultueux et aigu du vent fait craquer les branches tout autour, créant une atmosphère inquiétante. L'impression qu'une présence nous observe m'envahit subitement. J'essaie de me convaincre du contraire, attribuant ce sentiment angoissant à l'incident de fin de soirée, en plus du contexte dans lequel nous voyageons : transporter autant de hasch me fait paranoïer.

« Rien à craindre... C'est ton imagination », me dis-je tout bas pour me rassurer.

Je me lève pour aller uriner quand j'entends soudain des bruits de pas, tout près de la tente. Ils s'arrêtent et reprennent brusquement, de façon continue, comme si des individus bien préparés franchissaient le terrain étape par étape. Paralysé de peur, je m'enfouis lâchement sous les couvertures, les yeux fermés, avec les oreilles grandes ouvertes.

« Faites qu'il ne s'agisse pas de ces fauteurs de trouble. »

Les pas ne sont plus qu'à quelques mètres de nous.

— Hey, réveillez-vous!

Je dois faire plus d'une tentative pour venir à bout de réveiller Dean qui me demande d'emblée :

— J'espère que c'est important.
— On n'est pas tout seul.
— Quoi?
— Y'a quelque chose qui rode près d'la tente.
— T'as pas rêvé ça?
— Non, j'te jure. Écoute!

Le silence démentit mon affirmation : il n'y a plus aucun son. Dean, prêt à retourner ronfler, affiche un air insouciant, mais pas longtemps : un craquement de branche l'avertit de la menace qui nous guette.

— Quossé ça?
— Tu vois!
— C'est quoi d'après toi?
— Sûrement les trois épais d'la Camaro qui reviennent.
— Tabarnak! Si jamais c't'eux autres...

Il s'habille, fouille dans son sac, met sa lampe frontale et prend son poing américain. Il le serre bien fort avec un air de va-t-en-guerre. Son rictus cruel me fait comprendre ses intentions : les négociations seront brèves.

Au moment où il s'apprête à sortir, Marie se réveille en sursaut et commence à nous questionner.

— C'est quoi l'affaire?
— Chut! Ça bouge alentour. Possiblement les trois gars d'tantôt.
— J'la trouve pas drôle.
— C'est sérieux Marie. Chut!
— T'as pas juste entendu…
« Vos gueules! »

Convaincu que nous avons gâché l'effet de surprise, Dean surgit à l'extérieur d'un : « Montrez-vous bande de câlisse! » Le suspense est insoutenable. Tant et si bien que j'imagine tous les scénarios possibles : les trois brutes épaisses, les flics, des ennemis de Dean, un assassin fou…

— Dan, tu devrais sortir pour l'aider.
— Pas question!

Je sors discrètement la tête par l'ouverture, mais n'aperçois rien. Dean est déjà hors de vu, volatilisé dans les bois, à la poursuite des obscurs inconnus. La peur accélère mes battements de cœur à un rythme démesuré. Je respire rapidement, le souffle entrecoupé de marmonnements nerveux, réduit à l'impuissance devant la situation.

— Vas-y!
— Non!
— Calvaire! c'est ton chum ou pas? Si c'était l'cas, j'irais l'aider.
— Ben oui! Facile à dire. TOI tu restes ici pendant que MOI j'risque ma peau.

Ma provocation porte ses fruits. Elle enfile ses vêtements en grognassant, exaspérée par ma lâcheté, et sort d'un trait, sans tenir compte du danger, prête à sonder les lieux pour retrouver Dean.

— Viens-tu ou quoi?

Obnubilé par un sursaut d'orgueil, je décide de la suivre. Nous sommes tout ouïe dans le silence de la nuit, illuminée par une pleine lune blanche qui se reflète sur le lac miroir. Une brume épaisse émane des eaux et se répand tout autour. Nous ratissons brièvement les environs de la plage d'un pas hésitant, marchant côte à côte, épeurés de faire une rencontre indésirable. Toujours est-il que les environs sont vides; il n'y a personne outre les grenouilles dont le croassement augmente lorsque nous passons près d'elles. Mon attention se dirige cependant vers une série de traces imprégnées dans le sable fin. Les empreintes marquent le passage de plusieurs hommes.

— Regarde!
— Ça s'en va vers le sentier du lac.
— C'est sûr qui sont là.
— Aweille!

Je ressens une étrange sensation, comme si une entité malveillante rodait et nous surveillait du haut des arbres étroits. Si bien que je m'imagine utiliser le bâton ramassé par terre pour me défendre en cas d'attaque. Je le brandis en l'air, prenant l'allure menaçante de mes pires jours, à l'affût des moindres sons.

« Mais qu'est-ce qu'une branche pourrie pourrait faire contre eux? Ridicule », pensé-je avant de la jeter un peu plus loin dans le sous-bois.

Le son sourd émis lorsqu'elle percute un arbre réveille une bête au grognement étrange et inidentifiable, faisant penser à un ours. Je m'approche, sans faire de bruit, espérant discerner l'animal au travers des conifères épars qui bordent le sentier. Je ne l'aperçois pas, mais entends cependant ses déplacements. Marie me supplie de faire marche arrière, mais ma curiosité est trop forte.

— Partons vite! J'ai peur.
— Chut! Moins fort.
— Tu vois quoi?
— Y'a comme un abri dans un rocher.
— Ça serait pas...

Ladite bête sort de son antre et nous fonce dessus sans crier gare. Nous sommes d'abord figés par la surprise et courons ensuite comme des forcenés dans deux directions opposées. J'entends le hurlement terrifié de Marie s'éloigner jusqu'à ne plus rien déceler. Ma course folle, stimulée par la peur, me plonge creux dans les bois, me pousse même à grimper jusqu'à la cime d'un arbre pour échapper à l'animal. Pris de panique, j'hurle : « Marieeee, t'es où? », mais rien; je n'entends qu'un lointain écho en guise de réponse. Aucun signe de vie, ni de Marie ni de la bête. Je réfléchis...

Le cri d'un huard perce le silence, comme pour saluer la lune et atténuer la folie qu'elle cause. Ma soif d'élucider le mystère — quant à l'identité des gens qui sont à nos trousses — déploie l'ultime et dernière dose de bravoure en moi; il me faut comprendre pourquoi nous sommes traqués. Je saute de mon perchoir et rebrousse chemin, prêt à faire face à mon destin, avec l'espoir de retrouver mes amis intacts. Je marche en direction de la tente, les poings serrés et l'œil grand ouvert. Le sentier m'oppresse, me donne l'impression de vivre un cauchemar éveillé. Chaque lisière d'arbres devient un coin suspect, susceptible d'abriter une bande d'hommes armée ou une bête territoriale, prêt à me bondir dessus au passage. Soudain, la peur m'accable de nouveau et me fait déraisonner; j'imagine à peu près n'importe quoi. Des inconnus — sans aucune raison apparente — sont là pour nous tuer. Au mieux, nous enlever et nous torturer sans pitié ni regret. J'imagine la scène : des heures d'atroces souffrances pour nous faire avouer une faute. Une erreur sur la personne, le sang d'innocentes victimes coulé, les corps décapités et jetés dans les profondeurs du lac des frères. Ma vie aura été si insignifiante. Puisse les journaux locaux afficher un titre du genre : **Trois paisibles citoyens assassinés lâchement.**

Une faible lueur de chandelle éclaire l'intérieur de la tente et me donne bon espoir d'y retrouver Dean et Marie. J'entre en lâchant un : « Tadaaaam! » qui se perd dans le vide. Il n'y a personne? Mon cœur palpite. J'entends tout de suite les mystérieux poursuivants prendre place tout autour; ils m'ont piégé!

« Sors de là gros tas. »

J'obéis et fais maintenant face à mes bourreaux. Je ne suis pas surpris d'apercevoir les trois brutes de la Camaro qui viennent prendre leur revanche. Tel un honorable guerrier, j'encaisserai la raclée pour Dean et lui raconterai ensuite les détails, et ce, avec fierté.

— Tiens tiens, si c'est pas l'coco qui nous à tabassé dans l'dos.
— Laissez tomber l'discours pis faites donc c'que vous avez à faire.
— Bon... d'accord!

Mon audace me vaut un coup de poing droit au plexus solaire. Je perds le souffle et plie en deux, penché vers l'avant. S'ensuit un second coup — cette fois à la tête — qui m'envoie valser quelques pas plus loin. Je tombe sur le dos, à demi conscient, les regarde s'avancer vers moi, l'allure menaçante. Leur regard torve laisse présager que mes souffrances ne font que commencer. Ils s'accroupissent près de mon visage ensanglanté, se félicitant et s'émerveillant devant le travail accompli.

— Pourquoi précipiter les choses! On aurait pu discuter, faire un peu de psycho mon coco… mais non! Tu vas manger une volée sans rien comprendre. Ça va faire mal! Très mal! Et malheureusement, on va devoir revenir pour ton ami.

Je ferme les yeux, dans l'espoir d'une meilleure tolérance à la douleur. J'attends impassiblement, mais rien ne se produit; pas question de regarder avant que tout soit terminé.

« Attention, voilà l'autre », entends-je soudain.

J'ouvre les yeux et j'aperçois Dean surgir de nulle part. BANG! BANG! et BANG! Les trois gaillards s'effondrent par terre, telle une palissade de brique sans mortier. Il s'approche d'eux pour vérifier l'étendue des dégâts : ils sont tous K.O.

À mes côtés :

— Ça va Dan, rien d'cassé?

Le souffle me manque. Dans l'incapacité de lui répondre, j'hoche positivement la tête.

— Marie est pas avec toé?

J'hoche négativement cette fois, et beaucoup plus vivement. J'arrive finalement à prononcer : « Un ours » d'une voix étouffée.

— Quoi un ours?
— On est tombé sur un ours et on a couru, chacun d'notre bord. Elle s'est perdue dans l'bois.
— T'es pas sérieux?
— J'te jure.

Les trois Amérindiens se relèvent péniblement, encore plus amochés qu'auparavant. Ils se courbent de douleur, le visage ensanglanté et qui coule à flot. Pris d'une soudaine frayeur — comme ayant vu un monstre —, ils s'ensauvent vers leur voiture et disparaissent dans un furieux grondement de moteur; la traînée de sable et de cailloux nous atteint presque au visage.

— C'est quoi c'bruit-là?

Nous tournons la tête derrière aux grognements d'un animal sauvage, tout près, en bordure de la plage. L'ours, noir comme la nuit, se fond dans l'obscurité telle une créature ténébreuse. Il nous observe, immobile, se dandine sur une patte et sur l'autre, soufflant son air comme un dragon prêt à passer à l'attaque. Nous sommes figés sur place, impressionnés par sa grande taille; il paraît d'un hybride entre l'ours et le grizzly. Il s'approche tout près, nous fixe curieusement, et bifurque finalement vers la tente, attiré par une odeur : celle de la bouffe. La bête lacère la toile en quelques coups de griffes rapides et pénètre à l'intérieur.

— *Holy fucikg shit*!
— Y va tout saccager nos affaires.
— Qu'est-ce qu'on fait?
— Donne-moi tes clés, vite.
— Pour?
— Laisse-faire pis donne.

Dean part d'un élan rapide vers la Mustang, ouvre le coffre, fouille, et revient avec un revoler.

— Criss! Tu traînes une arme.

Sans même me répondre, il le pointe sur la bête et tire un coup. Il rate la cible de peu et percute un arbre dont l'écorce vole en éclat. Le colosse s'enfuit vite avec notre sac de vivres dans la gueule. Dean le poursuit en hurlant et en agitant les bras en tous sens, et ce, jusqu'à ce que la bête disparaisse dans le creux des bois.

Il se retourne et me lance :

— Bon, on peut dire adieu à notre déjeuner.
— On s'en fout. Faut retrouver Marie.
— J'pense pas.
— Quoi?
— Moi j'va nulle part. L'auto est pleine de dope pis d'argent. Si jamais les trois peaux rouges se ramènent...
— On devrait trouver Marie pis s'en aller.
— Vas-y toé. Moi j'va surveiller la place.
— *Come on*! Y'a aucun danger d'les revoir.

Nous défendons chacun notre position des meilleurs arguments qui soient. Les échanges deviennent brutaux. Toutefois, ni l'un ni l'autre ne bouge. Je me décide enfin à entamer seul les recherches, mais quelques pas suffisent pour y mettre un terme : Marie apparaît tout près de la voiture, le corps couvert de boue et le linge déchiré en lambeaux.

— T'étais où?

Elle ne me répond pas. Je la prends par les épaules et la secoue. Elle grelotte de froid et de peur, le visage pâle comme un drap.

— Marie! Qu'est-ce qui va pas?

Elle fond brusquement en larmes et se jette dans mes bras.

— Quossé qu'y a? Parle-nous.
— Laisse-faire, Dean.

Ses paroles sont étouffées par de profonds sanglots. Lorsqu'elle reprend le contrôle de ses émotions, elle prononce le mot clé. Ce mot : « Violée », me chavire l'âme tout entière.

Dean prend l'allure de ses pires jours avant d'ajouter : « J'va les tuer les esties… J'te jure, Dan. »

Le dégoût et la colère allaient nous envahir, et ce, pour le reste de tout notre voyage.

4

Une pluie tenace s'abat sur nous. Le tonnerre et les éclairs précipitent notre départ du lac des frères. Personne ne se parle ce matin. Nous sommes encore sous l'effet de cette folle nuit qui s'est terminée dans le malheur, à se questionner sur la suite des choses.

Nous prenons place dans la voiture, indécis, le visage long. Maintenant, tout a changé. Il semblerait que plus personne n'ait envie de continuer cette périlleuse odyssée, surtout Dean , qui marmonne des mots haineux pour faire passer sa rage.

— Allons voir au bar, prononce-t-il d'une voix décidée.
— Pour?
— Trouver la fille.

L'idée me plaît, mais je demeure muet. Je regarde Marie derrière; elle m'assure d'un regard approbatif que son envie va dans le même sens que le nôtre.

— Elle peut m'aider, j'suis sûr.

— T'inquiètes, Dan. J'connais aussi des gens qui peuvent nous aider.

Ces paroles me laissent perplexe. J'imagine qu'il ne pense qu'à retrouver les trois Amérindiens pour leur faire la peau.

— Dean, oublie ça! On va pas s'faire justice.
— On peut facilement retrouver ces gars-là.
— Ça va faire calvaire! On a assez joué avec le feu. En plus, moé j'pense qui c'passe *queck* chose.
— De quoi tu parles?
— Quelqu'un nous traque. Y'a eu les hommes aux walkies-talkies à Mont-Laurier. Et hier, cette bande d'Indiens...

Il se gratte le front, cherche désespérément à faire le lien entre les deux événements.

— Laisse-faire les idées de conspirations à matin. C'était probablement juste une gang de p'tits criss qui voulait nous faire peur à Mont-Laurier. Pis les Indiens dans l'coin, ben sont assez malveillants. Y'a pas personne à nos trousses.
— Ben, en tout cas, ça marche! Moé j'commence à trouver ça trop extrême.
— On va retrouver ces Indiens-là pis…
— Pis ensuite quoi, les tirer?
— Une gang de minables comme eux, ça mérite une bonne volée. Rien de moins.
— Peut-être, oui, mais la tâche ne nous revient pas.
— À qui donc?
— À la limite, on va appeler la police et porter plainte.
— Ben oui! On sait ben comment y vont leur faire payer ça cher. Le viol, c'est puni sévèrement au Québec, tout l'monde sait ça.
— OK Dean, on arrête ça là. Tu fais c'que tu veux. Moé, j'embarque pas. Tu veux les crever, ben vas-y tout seul.

Marie se prononce pour la première fois depuis hier soir :

— Laissez-faire ça les gars. Continuons le voyage comme prévu. J'ai envie d'aucune vengeance. C'est quand même pas la fin du monde.
— Quoi, t'es sérieuse? Ils t'ont violée!
— Y'a pire. J'vais pas être traumatisée pour autant.

Sa réaction nous laisse tous deux pantois. Elle minimise l'affaire en ajoutant qu'elle n'a pas été battue, qu'elle s'est seulement vue forcer de faire la fellation à un des trois gars pendant que les deux autres la retenaient. Pour elle, l'affaire semble déjà digérée. C'est à croire qu'elle a un historique en matière d'abus. Je la questionne pour tenter de comprendre, mais rien n'à faire; elle ne veut même plus en parler.

Marie retrouve vite son entrain, sourit, nous parle avec son ton de voix habituel : celui d'une fille heureuse, excitée d'être parmi les nôtres. Je suis estomaqué. Ces propos confondent l'entendement. Elle est parfois si difficile à saisir. Puisque sa vie n'est que misère et dégoût — depuis l'époque du cégep —, je crois qu'elle se protège, qu'elle refuse de se laisser abattre par ses mille malheurs. Son regard est si tendre envers nous, comme celui d'une enfant qui s'émerveille devant le monde qu'elle découvre, insouciante du lendemain. Je l'adore. Rien ne peut détruire cette fille dont je deviens lentement, mais très certainement amoureux.

La circulation sur la route de Val-Seneville — pour rejoindre le centre-ville de Val-d'Or — bloque à la hauteur du secteur industriel. Plus rien ne bouge. Les gyrophares des véhicules de secours confirment nos soupçons : un accident. L'attente n'est cependant pas trop longue. Devant la policière qui nous fait signe d'avancer tranquillement, j'observe la scène. Le carambolage est monstre. Plusieurs véhicules sont impliqués : sept en tout. Les ambulanciers sortent les corps ensanglantés des carcasses de métal devant un rassemblement de curieux. Ils sont sans respect et filment, de leur cellulaire, les pleurs et les cris qui retentissent parmi les proches des victimes. C'est le désarroi total! Je suis bouleversé. Dean et Marie le semblent tout autant. Mais lorsque j'aperçois une Camaro bleue indigo écrasée sous les roues d'un transporteur, la surprise me frappe.

— C'tu possible que ce soit eux?
— Tout cas, ça leur ressemble.
« Arrête Dan. »

Marie s'extirpe de la voiture et va à la rencontre des policiers. Nous l'observons discuter avec un agent. Ses mains s'agitent en l'air, comme si elle était offusquée par les propos du colosse qui se tient devant elle. Il parle à la radio, tout en l'incitant à rester dans le périmètre de sécurité duquel elle tente de franchir les limites. « Laisse-faire Marie », crié-je les mains en porte-voix. Rien à faire. Elle persiste ses tentatives de passer le ruban jaune, s'obstine férocement, jusqu'à réveiller la colère du policier qui la prend par un bras et l'amène à sa voiture.

— Entrave j'te gage.
— Gang de…

Les voitures s'accumulent pare-chocs à pare-chocs. La policière revient à son poste et nous fait signe de circuler.

Je lui fais un visage en point d'interrogation, et puis :

— On peut tu repartir avec notre amie?
— La grande basanée aux cheveux noirs?

Elle regarde en direction de Marie et va voir ce qui se passe. Le Colosse laisse sa collègue gérer la situation, comme si une étrange confusion rendait tout ça trop compliquée pour lui.

Elle nous ramène Marie et nous invite à quitter d'un : « Tiens! Sacrez-moi l'camp astheure. »

— Le câliss de chien sale m'a tordu un bras.
— Ta gueule Marie, murmuré-je d'un regard implorant la clémence de l'agente Beauvais.
« T'es chanceuse ma belle noire, on en a plein les bras. Tu l'méritais ton ticket d'entrave. »
— Merci Mme Beauvais.

Je lui envoie la main, lui souris, et puis enfonce brusquement la pédale à gaz, un peu malgré moi.

À peine reprenons-nous la route que :

— Ce sont eux.
— Tu les as vus?
— Oui! Les trois sont morts.
— Comment?
— Alcool et vitesse, apparemment.

Ses paroles me laissent coi. Je tourne la tête et regarde Dean; il éclate d'un fou rire de satisfaction.

— Bon débarras!
— Dean, câliss!
— Quoi, câliss?
— T'as pas l'droit d'en rire.

Il me fait son petit sourire malicieux et :

— Dan, te rends-tu compte! On est béni des dieux. Rien ni personne va nous arrêter. On s'attaque à nous et BANG! C'est la mort. Que ceux qui veulent notre peau s'amènent. Le cosmos est avec nous.

Ces propos me dérangent, puisqu'ils sont vrais. J'ai cet étrange sentiment de pouvoir. Chouchous des dieux, nous avons le sceau de la prépotence, désignés par le plus grand d'entre eux pour recevoir la divine protection.

Le Journal de Montréal frappe fort avec le titre de ce matin : **La guerre aux trafiquants toujours plus violente**. Une importante saisie de drogue dans le secteur d'Amos s'est mal terminée. La police — encore une fois — a mis le paquet et rassemblé toute une armée pour faire passer son message : nous n'aurons aucune pitié pour vous.

— As-tu vu ça?
— Ben oui!

Le directeur général de la SQ pose fièrement avec le magot : huit kilos de cocaïne, cinq cent mille dollars et tout un arsenal d'armes. Elle entretient son régime de peur pour dissuader ceux et celles qui voudraient rallier les rangs des *Rock Stars*, gang de Montréal qui tente de s'implanter ici en région. Les jeunes recrues amossoises se sont fait abattre dans un rapide échange de tir, mais un témoin prétend qu'ils n'ont offert aucune résistance. D'autant plus que d'anciens membres du gang ont récemment proféré de troublantes allégations aux médias. Le ministère de la Sécurité publique refuse cependant d'ouvrir une enquête; la SQ fait son travail! Un travail de nettoyage qui fait couler beaucoup de sang.

— Débile! C'est rendu pire qu'au Salvador.
— Ouep! Mais y'a du positif dans tout ça, Dan.
— Quoi donc?

— Ça laisse place à d'autres joueurs.

Ses propos me laissent indifférent. Je n'ai pas envie de m'étaler sur le sujet, surtout dans un lieu public. Le Ti-Coq est bondé de monde. Les camionneurs et les vacanciers étrangers — surtout des Américains en winnebago — affectionnent particulièrement ce restaurent à l'ambiance des années soixante-dix. Musique rétro, couleurs ocre, mini Juke-box… et des serveuses blondes, un peu trop souriantes à mon goût.

« Un p'tit réchaud d'café? »
— Pas pour moi.
— Moi non plus.
« Mademoiselle? »
— Oui, s'il vous plaît.

Elle s'étire de tout son long pour remplir la tasse de Marie, s'amène à mes côtés, et puis :

« Tout est à votre goût? »
— Oui! On va prendre les factures. Trois factures.
« Parfait, j'reviens dans un p'tit moment. »

Elle quitte dans un élan de joie, se dandinant le jupon en dentelle qui lui serre exagérément les hanches.

— Petit café, petit moment… tout est si petit dans cet univers Québécois. T'as jamais remarqué?

Cette fois, le sujet m'inspire le plus grand intérêt; le public peut bien aller se faire voir.

— Justement! Voilà une bonne raison de se séparer du Canada, mon Dean. Pour grandir cet univers de petites choses en grandes.
— T'as pas changé d'opinion, même après toutes ces années.
— Jamais! Quand t'es souverainiste, c'est pour la vie.
— T'as envie de t'chicaner à matin, mon toé.
— Tu sais ben qu'la question me tiendra toujours à cœur, surtout en ce moment. Tiens! Regarde-moi ça.

Je lui mets le journal sous les yeux, un peu trop fier. Le sondage pour les prochaines élections favorise les nouveaux venus : le Parti patriote. Des candidats dévoués à la cause souverainiste, prêts à se battre jusqu'au bout pour le Québec. Les derniers scandales au fédéral ont suscité la colère du peuple, maintenant éclairé et ouvert comme jamais à l'idée d'être un pays. Le Québec n'a jamais été aussi près d'une victoire référendaire. En 2025, la belle province est en guerre.

— Ça va pas durer.
— Tu penses ça… hum! J'te gage qu'le Parti patriote entre au pouvoir l'an prochain.
— Ben moé j'te gage que Montréal gagne la coupe cette année.
— Parfait! Ça va aider la cause.
— J'vois pas comment?
— On rêve de voir une autre coupe Stanley à Montréal. On y croit fort, chaque année, peu importe si l'équipe performe ou non. Roy, Carbonneau, Richer, Nilan, Robinson, Lafleur… Des héros! Des joueurs passionnés qui ont fait la fierté du peuple. GUY! GUY! GUY! GUY! OUI! OUI! OUI! OUI! L'indépendance et la fierté, ben ça va de pair mon Dean.
— J'avoue! Tu marques un bon point.
— Une étincelle. Une toute « PETITE » étincelle de fierté et un peu plus d'audace. Voilà! C'est tout c'qui manque.

Je regarde l'heure.

— Midi! On peut s'essayer.
— On peut ben.

L'enfièvrement le plus total me gagne soudain, comme si j'allais retrouver une ancienne amoureuse, après tout ce temps.

Dehors, la troisième avenue gronde de marteaux piqueurs qui défoncent l'asphalte. La ville refait ses rues et son système d'égout tandis que s'amorcent les travaux de condominiums de luxe, bâtis pour les nouveaux millionnaires. Le prix de l'or a atteint son apogée et les mines exploitent leurs galeries au rythme de l'économie grandissante. Les commerces se multiplient, tout comme la population, si fière et si solidaire, qui rêve désormais plus que de raison de se vautrer dans le confort matériel. Val-d'Or roule sur l'or, comme jamais depuis quarante ans.

Le Blue Light clignote de son enseigne diable rouge qui plante sa fourche dans les fesses d'une bougresse bien grasse et burlesque. Une rangée complète de motos est stationnée devant la façade, surtout des Harley-Davidson. Je monte lentement les marches, indécis, à la recherche de la bonne formule pour expliquer mon cas. Dean et Marie gardent une certaine distance, de peur d'avoir à entamer la conversation; je suis clairement la figure de proue dans cette affaire.

— Mieux vaut que j'y aille seul.
— Comme tu veux.

Les regards des motards divergent vers moi d'un seul coup lorsque je pousse la porte qui laisse pénétrer la clarté du jour. Tout est sombre, à l'instar d'un nid de vampires duquel le chef vient rapidement à ma rencontre.

— C'est fermé!
— J'viens juste pour savoir si ça serait possible de...
— On est fermé, j'te dis.
— Le monde aux tables?
— Réunion d'affaires.
— Écoutez, y'a cette fille au look gothique qui travaille ici. C'est une vieille amie à moi que je cherche depuis des années. J'aimerais vraiment la revoir.
— Roxanne?

Le nom me résonne dans ma tête, comme un lointain écho. Roxanne... comment ai-je pu oublier?

— Oui! Roxanne.
— Elle est à Rouyn-Noranda ce soir, au Sexty Nine.
— Merci là.
— Tu vas y'aller?
— Où ça?
— À Rouyn!
— Euh... Ouais pour?

Sa figure patibulaire de motard et sa taille de poids lourd impressionneraient n'importe qui. Je reste figé devant lui, sans pour autant démontrer la crainte qui m'habite. Il se tripote la barbe d'un air penseur, comme indécis, blasphémant le nom de tous les saints, avec des éclairs dans les yeux.

— Câliss de Derick, pas fiable... pas fiable pantoute le p'tit criss. Juste par hasard, t'as pas envie de faire deux cents piastres?
— Ça dépend.

— C'est rien de ben ben compliqué. Une petite commission, d'ici à Rouyn.

— Ah ouan! Quel genre?

Il me pointe du doigt, me fait signe de ne pas bouger et part d'un élan rapide. Attisé par l'énervement, il répond à son cellulaire d'un « Quoi! Encore! » et disparaît ensuite derrière une porte vitrée noire qu'il referme violemment BANG! L'écriteau *staff only* semble délimité l'espace aux choses sérieuses; n'entre pas qui veut en ces lieux.

Derrière moi :

— Assieds-toi.
— Merci, mais j'en ai pas pour long.
— Hum... Si Big Ben à des projets pour toi, ça peut l'être.

Le type fait glisser la chaise de son pied et m'invite à joindre tout le monde à table; je le sens concerné par la situation. Je m'assois, bien malgré moi, maintenu sous son autorité. Entouré de toute une bande de motards — aux allures analogues à celle de ce Big Ben —, je me présente brièvement, sans trop spécifier le but de ma visite, ce qui, me semble-t-il, suscite leur curiosité.

— T'es pas l'flic qu'on doit rencontrer, par hasard?
— Non!
— C'est drôle. T'as pourtant l'air d'en être un.
— Quels indices te permettent de croire ça?
— T'es entré comme un flic, avec ton petit air prétentieux, comme si nos affaires étaient de votre ressort maintenant. Le secteur, on l'contrôle encore. Les p'tites tapettes de *Rock Stars*, on peut s'en occuper nous-mêmes. Pas besoin d'aide.

— J'sais pas du tout d'quoi vous parlez? Écoutez, j'suis pas flic. J'suis juste venu me renseigner au sujet d'une fille. C'est tout!

Au même moment, Big Ben sort de son bureau et reprend son élan agité là où il l'avait laissé.

À nos côtés :

« Bon ben voilà pour toi. T'apportes cette valise-là à Roxanne pis j'te donne deux cents piastres. Pas compliqué. »
— C'est quoi?
« D'après toi. »
— Dope!
« Non! C'est d'la lingerie pour son spectacle. Regarde! »

J'ouvre la valise et constate qu'il dit vrai.

— J'ai pas confiance, Big Ben. Tu devrais pas l'envoyer.
« Du calme Ricky, c'est pas lui pour le *deal*. »
— Personne le connaît!
« Hey! Roxanne a besoin de cette valise-là. C'est juste un transporteur. Rien d'autre. »
— Les gars, j'suis un peu pressé.
— Pressé... Pourquoi ça?

Ni un ni l'autre ne semble aimer cet adjectif. Merde! Je viens d'éveiller la suspicion. Big Ben lève une main en l'air, faisant comme un signe de rond. De nombreuses bières apparaissent assez vite sur la table, mais pas question de traîner une seconde de plus ici; ils veulent en savoir plus à mon sujet, et ça m'inquiète.

« Parle-nous un peu. Pourquoi t'es si pressé, hein? »
— J'suis pas seul. Je voyage avec du monde.
— Ils t'attendent dehors?

J'hoche timidement la tête. Au moment même, quelqu'un entre. Les regards divergent vers le jeune homme à la démarche nonchalante.

« Derick... Ben tabarnack! T'étais où? »

Big Ben, furieux, lui fait signe de le suivre à l'abri des regards.

Du coup :

« C'est bon! Tu peux décrisser. »

Je lampe ma bière d'un seul coup, empoigne la valise, et puis :

— Merci d'me faire confiance.
— Tiens!

Il me remet les deux billets bruns et je quitte aussitôt, l'air nerveux, comme si j'avais accepté une affaire dangereuse sur laquelle on misait gros. Je les entends s'obstiner. Il s'ensuit une volée de jurons et quelques échanges d'insultes. J'accélère le pas vers la sortie, de peur que Big Ben change d'avis et qu'il envoie plutôt Derick.

À l'extérieur :

— Déjà! C'est quoi cette valise-là, me demande Dean.
— Une commission payante.
— J'espère que c'est pas...
— Non!
« Et la fille, c'est bien la p'tite fille de ton enfance? »
— C'est une danseuse... La petite fille de mon enfance est devenue danseuse... J'dois lui apporter son linge. Pouvez-vous imaginer!

— Sérieux?
— Ben sérieux.
— Et où ça?
— À Rouyn.
— Tu parles d'un coup d'chance.
— J'pense qu'on est vraiment dus, elle pis moé.
« Une danseuse, une bande de motards… ça sent l'trouble. Tu devrais pas t'embarquer dans c't'histoire-là. »
— Voyons Marie! Arrête de juger l'monde aussi gratuitement.
« Bon, on décolle ou pas? »

La route fut longue et pénible jusqu'au dernier kilomètre; des véhicules lourds, l'un à la suite de l'autre, nous ont constamment ralentis. Je mets la pédale douce dès que nous entrons dans la ville, prise d'assaut par des cyclistes en pleine course. Mon attention est stimulée d'emblée, à l'instar d'un enfant qui arrive dans un nouvel environnement. Je tourne la tête en tous sens, car je veux vite me faire une impression, une idée, ou peut-être juste m'assurer que mes souvenirs retentissent comme ils se doivent, et ce, à première vue.

Sur l'avenue Larivière, les commerces ont poussé comme des champignons sauvages. Le changement est frappant. Plus je progresse vers le centre-ville, plus j'en perds mes repères. Tout est tellement différent, comme si la ville avait complètement changé d'identité. Les rues sont colorées à l'aube de festivités de toutes sortes, annoncées sur d'immenses écrans digitaux placés sur la façade de l'aréna. Les lettrages lumineux défilent comme l'éclair : concerts de ci, spectacles de cela, conférences, grands rendez-vous à ne pas manquer… Rouyn-Noranda s'est transformée en un carrefour culturel de taille — pas mal étourdissant — à la hauteur de sa réputation. Je ressens cependant un immense soulagement lorsque j'aperçois les grandes cheminées de la mine Horne en passant par l'avenue du Lac. Elles font partie du décor du vieux Noranda depuis toujours, comme deux grands vigiles, témoins de l'évolution des choses, de chaque doux moment que la capitale du cuivre a vécu.

— Wow! Pas pire comme bled.
— ... Méconnaissable! J'ai l'impression de sortir d'un coma, trente ans plus tard.
— C'est pas du tout comme j'imaginais dans ma tête. J'pensais que ça allait être crasse au bout, mais non!

Marie veut passer aux choses sérieuses.

« C'est où l'bar? »
— Rue Principale.
« Allons voir si elle est là. »
— Voyons! Y'a rien qui presse.
« J'ai juste hâte d'être au bord de l'eau, tranquille. »
— Bon bon bon, OK!

Je prends illico la septième rue et stationne la Mustang d'un coup de volant agile à la vue du premier espace libre. Sa carrosserie rouge luisante et ses *mags* chromés reflètent le soleil avec grand éclat, tant qu'une argenterie neuve. Les passants nous remarquent et nous échangeons quelques petits sourires; j'ai l'air de vouloir dire : « Oui messieurs! Je suis l'heureux propriétaire du super bolide. » Comme si ne nous étions pas déjà assez fait remarquer, deux jeunes cyclistes roulant à vive allure s'arrêtent d'un seul trait. Ils retirent leur casque d'écoute et s'émerveillent devant mon précieux, comme d'un rêve, et me rappellent comment j'ai moi-même tant désiré un tel véhicule à cet âge.

« J'en veux une plus tard » et l'autre d'ajouter : « Moi aussi », avant de repartir en coup de vent sur leur V-Bike électrique.

— Allons-y!
— À pied?
— La Principale est juste là. C'est deux minutes genre.

Ils sont muets, absorbés par la ville, regardant tout autour d'eux, émerveillés par la nouveauté dans laquelle ils baignent. Les berges du lac Osisko regorgent de jeunes festifs qui tournent autour de la fontaine en patin à roues alignées — pro magnétique — heureux de profiter des joies de l'été après une dure année scolaire. Une fine poussière d'eau s'émiette du puissant jet et se répand par le vent, nous humectant le visage au passage, comme pour nous bénir de notre arrivée. Je ressens un vent de fraîcheur, l'impression d'une nouvelle existence qui commence. Nouveau décor, nouveaux visages, nouvelle vie... du moins, pour le temps que ça durera.

La rue Principale me plonge dans de lointains souvenirs. Déjà, je reconnais le visage de vieilles connaissances au travers des passants. Cette fille-là, je l'ai embrassée spontanément sans même lui parler, un de ces soirs étranges où les gens cherchent à provoquer quelque chose pour se sortir de l'ennui. Ce gars-là, il m'a invité dans un *after-hours* qui s'est terminé dans le drame : celui d'une rupture amoureuse, bête et brutale, dont j'ai dû me faire l'arbitre. Tout, chaque coin de rue me rappelle une histoire. Je suis très loin dans mes pensées, perdu dans le temps d'une époque révolue, difficile à oublier. La ville exerce son emprise sur moi, m'empêche malgré tous mes efforts de rester dans le moment présent avec mes amis.

— Dan! Où tu vas? C'est icitte le bar, me lance subitement Dean.
— Pardons, j'étais dans lune.

Il regarde au travers du minuscule carré vitré noir et tire sur la porte.

— Merde! C'est fermé.

Je regarde ma montre, et puis :

— Trop tôt. Ça doit pas ouvrir avant les cinq-six heures.
« On fait quoi en attendant? »
— Euh...
« On devrait aller rôdailler un peu, non? »

Nos têtes se tournent simultanément vers Marie qui ajoute :

« Amène-nous donc à *queck* part de *chill*. C'est ta ville après tout! Tu devrais être excité à l'idée de nous la faire découvrir un peu. »
— Bon d'accord! Suivez votre ami qui suit son instinct.

Nous marchons d'un pas excité, sans trop savoir où aller. Lorsque nous arrivons au croisement Perreault-Principale, nous bifurquons à gauche. Wow! Il y a tant de nouvelles façades, pimpantes et colorées. Les commerces sont maintenant internationaux : épicerie indienne, boulangerie européenne, resto libanais, grec et italien, boutique de vins d'importation, vendeurs de pacotilles exotiques... Il y a même des kiosques où l'on s'arrête pour prendre le journal du matin, comme dans les grandes villes européennes. Qu'ont-ils fait à ma cité? Rien ou presque de ce qui existait dans le temps de mes vingt ans a survécu; je ne m'y reconnais plus. Sans compter que les Rouyn-Norandiens forment maintenant une population disparate et colorée dont les mœurs et coutumes façonnent la place : on travaille à l'édification d'une mosquée devant l'hôtel de ville. Mon outrance va monter d'un cran lorsque j'aperçois une femme couverte d'un niqab sortir d'une voiture. Voilà! Le peuple est mort. Les langues étrangères affluent à mes oreilles, ce qui fait naître un bien étrange sentiment : celui d'être une minorité francophone en train de se faire écraser. J'entends parler espagnol ici, anglais là-bas, arabe par là... Une chose me frappe cependant plus que tout : l'Abstracto est toujours vivant! Je m'arrête devant sa façade, magnétisé par la musique de fond et l'entrain général.

— Ça l'air d'une place cool. C'est quoi?
— Le café intello et culturel de Rouyn-Noranda.

Dean pousse un soupir.

« Une place de péteux d'broue tu veux dire. »
— En quelque sorte, oui!

Une fois la porte passée, une agréable et forte odeur de café brûlé nous monte au nez. Je reconnais certaines gens qui y viennent fidèlement depuis tant d'années, assis aux mêmes tables, avec les mêmes airs. L'ambiance, sombre et colorée, me réconforte d'emblée; elle n'a pas changé! Tout est intact, tel quel : mêmes peintures accrochées aux murs, même décor, même propriétaire au crâne rasé derrière le comptoir; j'y aperçois « l'Abstracto a trente ans » pour souligner la réussite de la place. Il me jette un curieux regard, cherche à identifier ce visage familier qui apparaît devant lui. Je lui envoie la main et lui lance un : « Salut Sylvain », content de voir que les affaires roulent toujours autant. Il me répond d'un simple : « Salut! », affairé autour de ses employés qui vont et viennent les cabarets remplis de commandes.

Nous traversons du côté de l'Amuse-Bouche où l'atmosphère est à la fête. Des familles entières occupent les tables et font un tintamarre épouvantable en chantant et en tapant des mains. Nos regards font le tour de la pièce. Deux places se libèrent soudain.

« Là-bas! »

L'espace est restreint. Nous avançons de peine et misère au travers du tohu-bohu, espérant rejoindre la table avant les autres clients qui arrivent simultanément : une bande de jeunes étudiants se ruent dans la même direction que la nôtre. La course est entamée. Une serveuse passe en coup de vent, agitée par la menace de perdre le contrôle sur le service. Elle nous évite de justesse — d'un superbe mouvement de hanche — et se bute ensuite contre nos rivaux, tout juste derrière nous BANG! Son plateau tombe à la renverse. Le bruit de verre cassé résonne et fait tourner les têtes des clients qui veulent se faire témoins de la scène. Les pauvres étudiants qui nous pourchassaient sont éclaboussés d'un amalgame de liquide et paraissent furieux de cette malchance. L'un d'eux couvre la jeune serveuse d'invectives, jusqu'à la faire pleurer. Je suis dégoûté par sa réaction exagérée et m'interpose sans hésiter.

— T'exagères là, du calme.
— De quoi tu t'mêles, le gros.

Dean se fâche. Il l'attrape par le collet et lui lance le plus intense des regards, empreint de toute la douleur qui l'habite.

— Faut pas en faire un drame l'ami. Y'a des choses ben pires qui arrivent. Des gens crèvent tous les jours, dans les plus atroces circonstances. Et toi tu pètes les plombs comme un con, comme si t'étais victime d'la pire des malchances. Laisse-moi t'dire une chose : t'as aucun savoir-vivre. Pis des chemises sales, c'est nettoyable!
— J'suis vraiment désolé!
— T'es désolé d'avoir insulté la demoiselle, c'est ça?
— Oui, tout à fait.

Il le regarde d'un air éclairé, comme s'il réalisait qu'il avait exagéré. Il s'excuse, encore et encore, et finit par nous avouer qu'il profitait de la situation pour se vider de frustrations accumulées au cours de la journée. Dean lâche sa poigne et fait abstraction des regards tout autour, comme si de rien n'était. Le type part en silence, suivi de sa gang, visiblement embarrassé par le dénouement de cette situation. Je m'accroupis et aide sitôt la serveuse à ramasser les dégâts. Dans son regard, je vois une grande sensibilité. La pauvre est sans doute le souffre-douleur d'impitoyables collègues de travail; ils se moquent dans son dos à coup de petits rires vicieux, comme heureux de ce malheur. Elle me sourit en guise de remerciement, heureuse que quelqu'un se soit porté à sa défense.

À table :

— C'était vraiment une bande de petits cons.
— J'veux ben croire, mais calvaire, Dean! Tu vas finir par nous mettre dans l'trouble.

Marie d'ajouter :

« T'as bien fait! J'suis contente que t'aies défendu cette pauvre fille. Sérieux, tu montes dans mon estime. »

Il lui sourit vaniteusement, fier de son triomphe. Sacré Dean Tremblay... cœur de justicier par solidarité. Par dégoût de l'inconscience collective. Par dégoût d'une société malade mésusant de son pouvoir dès que possible. Je me rends compte à quel point nous nous ressemblons. À vrai dire, je l'admire, un peu comme l'on admire un grand frère protecteur; il a de cette rage intérieure... Un volcan duquel les éruptions sont soudaines, à la vue du moindre abus. Seulement, lui a l'audace de confronter ces petits connards à l'ego démesuré. Dans mon cas, je préfère la fuite. Mais ensemble, tous les trois, rien, personne ne peut s'interposer.

— Ouan... t'as bien fait. C'est vrai!
— J'me suis toujours promis de défendre mon prochain.
« J't'adore là. »
— Qu'est-ce qu'on ferait si on t'avait pas, qui nous défendrait?

Son visage s'illumine d'un sourire félin, propre à son espèce : une espèce rare et précieuse, menacée d'extinction.

***

Guilin, illuminé par ses montagnes et ses ponts, vibre au rythme de la nuit. Les marchés sont bondés de touristes qui cherchent la perle rare au travers des pacotilles exotiques. Guidée par l'odeur de friture, une Occidentale se dirige vers un stand et surprend le marchand en passant sa commande en mandarin. Son ton et sa prononciation sont impeccables. Impressionné, il lui laisse la multitude de brochettes à moitié prix. Elle repart sitôt en coup de vent, se mêlant à foule, sans pour autant passer inaperçue. Les têtes des marchands tournent au gré de ses déplacements, qui, d'un ton mordant, prononcent : « *Piao liang*! » espérant recevoir une réplique. Elle semble accoutumée au rythme de vie chinois, particulièrement hostile pour les femmes voyageant seules, surtout la nuit, et fait fi de toutes les remarques lancées à son égard.

Une pluie torrentielle s'abat violemment sur la ville, forçant ses habitants à s'abriter là où ils le peuvent. Sans perdre de temps, la séduisante étrangère se précipite en bordure de l'artère principale pour prendre le bus au passage. À l'arrêt, une bousculade habituelle prend place pour l'obtention d'un siège. Les hostilités sourdent de partout. Dans l'enjeu de l'espace, le peuple chinois ne fait pas de distinction; les femmes et les aînées sont traitées sans égards à leurs désavantages physiques. La compétition est féroce. Si bien que la séduisante Occidentale aux yeux bleu cristal — qui était pourtant au tout début de la file — ne réussit même pas à monter à bord. D'un coup de volant habile, le chauffeur réengage le trafic, poursuivi par quelques citoyens acharnés qui frappent dans la porte en guise de protestation du départ précipité. Toujours est-il qu'un taxi-moto s'arrête au passage et prend l'Occidentale, seule encore à attendre sagement la venue d'un deuxième bus. Le regard triste, elle lui donne un bout de papier sur lequel figure l'adresse à laquelle elle désire se rendre. Le chauffeur tente d'élucider le mystère de ce chagrin par de nombreuses questions — d'un anglais presque naturel — auxquelles elle ne répond pas. Il voit sa réticence et n'insiste point, imaginant qu'elle doit sûrement faire son deuil : celui de quitter l'ancienne capitale.

***

Devant la façade du Sexty Nine, le cœur me palpite. Roxanne Gagnon, la petite fille d'à côté... celle qui a élevé mon indice de bonheur à son meilleur. J'ai des frissons, juste à penser à cette époque de complicité que nous avons vécue : de bien belles années que j'aimerais revivre. Comment l'aborder? Comment ne pas gâcher les retrouvailles?

— On t'attend dehors ou bien quoi?
— Mieux vaut.
— Prends pas une heure!
— J'lui donne la valise, je jase un peu, pis reviens vite fait.

L'intérieur est sombre et glauque. J'entre dans la dimension la plus malsaine, encore pire que le Blue Light. Sur scène, une fille costumée d'un latex noir et moulant danse sur une chanson de Michel Pagliaro. Elle tient la positon du cygne renversé; ses magnifiques cheveux roux et bouclés pendent comme un rideau auquel on voudrait s'accrocher toute la nuit. Ses mouvements lascifs sont parfaits, coordonnés avec le rythme et accentués par les paroles : « *All I want to do, is to beee with you*! *Te te tee...* » Les clients sont subjugués par le magnétisme que dégage cette fille sur scène. Ils bavent d'un désir tout-puissant, comme des soldats revenants à la civilisation après une dure mission. Pauvres eux! J'imagine facilement leurs fantasmes, puisque j'ai été dans le même état de vulnérabilité; le désespoir d'une vie sans amour dérange parfois l'équilibre intérieur, et ce, au point de pourchasser n'importe quoi. Lorsque je passe près d'eux, rien! Pas même une œillade de complicité. Aucun être humain sur terre ne pourrait détourner leur regard braqué sur scène. Hélas, je tombe aussi sous l'emprise de cette sylphide, l'instant d'un très court moment. Wow! Elle est vraiment... enivrante. Un aphrodisiaque naturel, une tentation à laquelle on ne résiste pas.

Au bar :

— J'm'excuse. Je cherche une Roxanne Gagnon.
— Pardon?
— Roxanne Gagnon, une danseuse. Elle est là?
— Oui! me répond-il en pointant vers les toilettes. Elle devrait apparaître dans pas long.

Encore le destin qui se joue de moi en allongeant le moment. Je m'accote dos au mur, devant la porte marquée d'une photo de femelle originale. L'entrée s'ouvre. Une fille sort, une deuxième et puis la voilà; la synchronicité est surprenante, parfaite!

— Roxanne...

Elle se tourne au son de ma voix. Notre face à face lui donne un air de : « T'es qui toé? » Je suis sans mot, d'une gestuelle nerveuse, intimidé par son regard ténébreux qui cherche à comprendre.

— Le gars d'la Mustang… celui qui me matait au Blue Light?

Mon regard laisse planer une aura de mystère.

— Ouais! Mais j'suis aussi le p'tit gars du lac Fortune.
— Danny Beaulieu… HAAAA!

Folle de joie, elle se jette dans mes bras, et ce, avec le même élan qu'autrefois : un élan d'amour et de pureté de jeune adolescente innocente. Nous maintenons la prise longuement, heureux des retrouvailles; les questions peuvent bien attendre un peu.

— J'en reviens pas. Dan, c'est toi! Tu fais quoi, tu deviens quoi?

Un soupir de désespoir à la « Ah! Mon Dieu », et de répliquer :

— Par où commencer?
— Viens-t'en, me lance-t-elle en m'agrippant par le bras.

Je me laisse entraîner sans rien dire. Le couloir tourne tout à coup à angle droit avant la sortie de secours et conduit à une porte sur laquelle paraît un écriteau *Lodge* en lettre dorée. Roxanne frappe trois coups rapides et entre d'un enthousiasme sans pareil. Un tas de filles s'habillent, se déshabillent et se maquillent sans même porter attention, jusqu'à ce que :

— Les filles, c'est lui!

Elles se retournent et tout une chacune émettent un « Hein! » général. Que diable a-t-elle bien pu raconter à mon sujet?

— C'est juste pas croyable cette synchronicité. Je leur parlais de toi hier. Et voilà. T'apparais comme par magie.

— Sérieux, et t'as dit quoi au juste?

Elle esquive la question et me demande :

— C'est quoi cette valise-là?
— C'est pour ton *show*.
— Quoi?
— J'suis allé au Blue Light et comme par hasard…
— Big Ben t'a demandé d'faire la commission?
— Oui, ben voilà.
— J'suis pas surprise. J'veux dire, c'est pas un hasard.
« Roxy, c'est à toi dans dix. »

Elle prend la valise et me regarde d'un air déchu, comme si les paroles lancées pas sa consœur la ramenait durement à la réalité. Je vois ses yeux changés en quelque chose de triste, camouflé par un sourire forcé qui démontre très clairement son malaise; le regret donne bien souvent cet air-là. « Roxanne… ne t'en fais pas », voudrais-je lui dire, « j'ai une existence de merde à côté d'la tienne. »

— Faut que j'me prépare. J'finis dans vingt minutes. Si tu reviens après, on peut aller *queck* part.

Enfer et damnation. Elle ouvre la porte.

— Bien sûr! Mais au fait…
— Quoi?
— J'peux-tu rester t'regarder?

Elle sort son paquet de cigarettes d'un geste prompt — de fumeuse en manque —, s'en place une entre les lèvres et s'allume malgré l'enseigne *no smoking* placée en évidence sur le mur, tout juste

119

derrière sa tête. Son regard réfléchi me pénètre l'âme. Bon Dieu qu'elle fait sexy-rebelle. Ce look de *suicide girl* la rend tellement mystérieuse.

— Ça me gêne un peu, mais bon...
— Hey, j'veux juste admirer la merveille artistique.
« Roxanne! Vite ma poule. »
— Faut vraiment que j'me prépare là.
— Bon *show*.
— Merci! À tout de suite.

La porte se referme. Je retourne devant la scène et m'assois parmi les clients, bavards et bruyants à souhait. Les postures un peu trop fières qu'ils adoptent vont de pair avec leur discours condescendant. « Qu'on nous la présente tout d'suite à poil celle-là, » lance le plus jeune d'entre eux. Je rage en silence. Petit con. Minable petit con qui me donne envie d'exploser. N'existe-t-il pas un endroit plus miteux que celui-ci pour cette sous-race de bâtards?

Un suspense insoutenable me gagne. Sans trop savoir pourquoi, j'ai peur. Peur d'assister à quelque chose de grotesque qui tuerait l'image de la petite fille innocente que je conserve d'elle; des souvenirs sacrés doivent rester sacrés. Que lui dirais-je? Que j'ai aimé ça, qu'elle est géniale et qu'elle devrait continuer d'évoluer dans cette sphère-là? Ridicule! Mon ton sonnerait bien trop faux. Bon Dieu! Pourvu qu'elle ait un réel talent et qu'elle nous en mette plein la vue.

« Mesdames et mes vicieux, la voici, pour vous, ce soir, celle qui vous fait rêver la nuit par sa souplesse et son adresse miraculeuse. La déesse des mineurs, des foreurs, de tous les hommes des bois qui partent loin, et pis longtemps, à la quête des plaisirs charnels dès qu'ils reviennent à la civilisation. La femme de brousse, la chasseresse qui renvoie les ours à leur tanière d'un seul regard. Et j'ai nommé... Ashley! »

La présentation faite par ce mec comique tue mes espoirs d'assister à quelque chose de sérieux. Mais lorsque je la vois faire son entrée sur scène dans ce costume de guerrière... je fige. Elle paraît d'une espèce rare, dédiée à un culte religieux. Son visage maquillé tout en noir et sa chevelure bardée de longues plumes rouges font ressortir ses yeux, si expressifs. La musique résonne de percussions tribales et rythme ses pas rapides, marqués par l'excitation des clients qui ne s'attendaient pas à ça; ils sifflent leur joie, debout devant la scène. Elle parcourt le plateau surélevé d'un bout à l'autre, exécute d'incroyables acrobaties aériennes, telle une vraie gymnaste en compétition. Les lois de la gravité semblent déjouées chaque fois qu'elle s'agrippe à la *pole*. Tous les mouvements de son corps sont fluides, parfaits. Ses jambes découpées paraissent faites d'une matière ployable en tous sens, comme de la pâte à modeler.

— Hey! on t'attend dehors nous autres.
— Scuse, j'étais... j'voulais juste voir...
— Voir de quoi elle avait l'air en action!

Lui et Marie se tirent une chaise près de la mienne.

— Ayoye! C'est pas une débutante.
« À torche, solide! »

Ils sont tous deux obnubilés par la prestation de Roxanne qui n'a toujours pas perdu un seul morceau de linge. Elle attise l'excitation au maximum et puis déchire enfin son haut d'un mouvement brusque, comme possédée par son personnage indigène qui remue la tête dans tous les sens. Elle s'avance devant la scène, le morceau en lambeaux à bout de bras : une peau d'animal tigrée d'or sur laquelle la lumière se reflète. Devant un public en délire, elle la lance en bas de la scène. La bagarre éclate entre les hommes des bois qui s'arrachent le vêtement. Si bien que les videurs doivent intervenir à plusieurs pour calmer l'affaire.

« Roxanne... wow! Femme énigmatique, embrasseuse de foule. T'es une vraie artiste, une femme fatale, une déesse. Comment te résister? De la torture pure et dure, rien d'autre. Stop! Non Danny. Interdiction de faire naître la moindre dose d'attirance, » raisonné-je en silence.

Les applaudissements et les cris fusent pendant que Roxanne enlève ses derniers morceaux.

— Tu vas où?
— J'reviens tout d'suite.

C'est l'enfièvrement total. Les barbares scandent son nom, toujours plus fort, en exigent encore et encore. Je m'empresse en direction de la loge pour la féliciter de sa brillante performance, tout juste terminée. Mes pas sont stimulés par l'excitation de lui dire combien elle est sublime et qu'elle est tout, sauf grotesque.

— Attention câliss.
—Pardon!

Je me faufile dans un chemin encadré d'énergumènes dont l'un d'eux me jette un regard torve pour lui avoir marché sur un pied. J'accélère le rythme. Le couloir est pris d'assaut : tout le monde veut aller pisser en même temps. Quelques coups d'épaules et j'arrive devant la porte de la loge qui s'ouvre d'un parfait synchronisme, comme si on m'attendait.

— Danny! Entre.
— Merci.

Roxanne reçoit les félicitations de tout un chacun. Elle se dirige vers moi dès qu'elle m'aperçoit.

— Wow! Tu sors ça d'où?

Emportée par son enthousiasme, elle se jette dans mes bras et me demande :

— T'as aimé?
— Saint prêtre, le mot est faible. J'ai été... *flabbergasté*!
— Bon, deux minutes et j'suis prête.
— OK, ben j't'attends en avant.

Dean et Marie me font face lorsque je me retourne.

— Bon, t'as dit c'que tu voulais lui dire. Allons-y astheure.

Je regarde Marie d'un air suppliant, et puis :

— Si on l'invitait au chalet?
— Désolé Dan, mais...
— Mais quoi?

Elle penche la tête, incapable de dire ce qui l'habite, et rajoute :

— Correct! Invite-la si tu veux.

Je lui souris en signe de gratitude.

— Merci! J'ai tant besoin de lui parler. De savoir ce qui s'est passé dans sa vie.

— Écoute Dan, j'ressens quelque chose d'étrange chez elle. L'intuition féminine, tu sais, ça ne ment pas. J'te demande juste une chose. Fais attention!
— Mais de quoi tu parles?

Roxanne réapparaît un peu trop vite et réduit à néant notre conversation.

— Te voilà, déjà! J'te présente mes amis, Dean et Marie.
« Enchanté. »
— Enchantée.

Je sais intuitivement que Roxanne doit nous suivre, qu'elle a un message important qui nous concerne tous. Ce n'est pas par hasard si nos chemins se sont croisés à ce moment bien précis de nos vies. La valise était un coup comploté par le cosmos dont l'influence semble favorable à notre cause.

Le hasard... le nom utilisé par Dieu lui-même pour garder l'anonymat.

5

Je suis subjugué par l'endroit. Depuis notre arrivée, le calme et la tranquillité, succédant à l'agitation de la ville, s'installent en moi.

Les yeux rivés vers le ciel, un oiseau au cri strident m'extirpe de mes pensées. Il passe tout près de nous, juste au-dessus de la cime des arbres. Les ailes déployées bien grandes, il plane en ligne droite, en parfaite symbiose avec le vent, le soleil et les eaux du lac, telle une créature céleste envoyée pour magnifier la beauté des lieux. Mon admiration pour cet oiseau dépasse largement tout ce que j'ai vu de la faune québécoise. J'enlève mes lunettes de soleil pour y voir plus clair, debout sur le quai.

— Magnifique! T'as vu son plumage chamois... On dirait un faucon pèlerin.

Marie de répliquer :

— Possible! À ce qui paraît, y'en a de plus en plus au lac Témiscamingue. Des ornithologues ont trouvé des nids. C'est Julie qui m'en a parlé.

« Erreur! C'est pas un faucon. C'est une buse. »

— Saint-ciboire, Dean! Fais-tu exprès d'me contredire, juste pour le plaisir de t'obstiner?

« Écoute, c'est ben normal, la buse est souvent confondue avec le faucon. »

— Tremblay, tu m'énerves!

C'est dans sa nature de tuer la magie, de ramener terre à terre le ciel à ciel. Mais depuis peu, j'ai remarqué que son côté colérique s'estompe. Normalement, Dean aurait répondu d'une tout autre façon aux manières agressives de Marie, mais encore une fois, il a réagi comme un gentleman.

Je suis surpris… agréablement surpris. Quelque chose adoucit son tempérament violent, ce qui m'apparaissait fort peu probable, jusqu'à maintenant. Et cette chose, c'est Roxanne Gagnon! Depuis qu'elle est parmi nous, Dean n'est plus le même. Il est bel et bien tombé sous son charme, irrésistible.

Un silence s'installe. Marie a créé un léger malaise en montant sur ses grands chevaux.

— Hey gang, si on allait à la plage, lance-t-elle subitement.
« Où ça? »
— Au troisième lac.
« Troisième lac? »
— Au Kanasuta, y'a trois lacs. Et la plage est au troisième, loin d'ici.
— Qu'en est-il de celle-là au deuxième?
— Ah! Ça c'était jadis le Club Kiwanis. C'est un terrain privé astheure.
— Justement, ne sommes-nous pas un groupe privilégié?

Personne n'ose bouger, ni même se prononcer. Dans cet état d'indécision général, je tente de les entraîner. D'un élan spontané, j'embarque dans la chaloupe, la caisse de bières en main, prêt à partir seul.

— Attends un peu, Dan.
— Vous venez ou pas?
— Julie m'a dit qu'on pouvait la prendre, mais...
— Mais quoi?
— Elle a dit qu'on pouvait la prendre si on arrivait à faire démarrer le moteur. Et d'après elle, c'est fort peu probable.
— Check-moé ben aller!

Ses propos suscitent l'excitation, comme une mise au défi. Je m'installe aux commandes du vieux moteur Viking, vert militaire, écaillé par les années. Dean et Roxanne prennent place à l'avant, collés l'un sur l'autre, sans grande surprise, tandis que Marie attend sur le quai, dans le doute de mes capacités à faire fonctionner cette antiquité. Je me souviens de la réputation qu'avaient ces moteurs : durables, mais excessivement lourds et bruyants — mon grand-père avait le même sur sa chaloupe.

— Mesdames et mes vicieux... Attention!
— Aweille! Dan.
« Vas-y! homme de Cro-Magnon. »

La poire du réservoir à essence bien dure, je mets l'étrangleur et je tire une première fois sur la corde, sans succès. Une deuxième, troisième, quatrième et cinquième tentative, toujours rien, pas même un seul son de piston. J'ai droit à une risée générale, tout à fait légitime. Gonflé d'orgueil, je prends mon air de va-t-en-guerre, prêt à tout pour démarrer cette vieille patraque. Je redouble d'ardeur, utilisant des élans courts et rapides, mais rien ne semble fonctionner.

— *Well... I played my last card, but I still have that negger in my pocket.*

Je pousse un cri des plus primal, tire de tout mon ballant et j'entends le ROTOTOTOTO de la victoire. Une épaisse fumée noire s'échappe du capot et se dissipe au vent, tel un vieux démon tout juste exorcisé du corps qu'il a possédé depuis des décennies.

— Tadaaam!

Les hourras et les bravos retentissent tandis que Marie embarque avec nous. « Surprenant », me dit-elle avec le sourire, ce à quoi j'ajoute qu'il n'a jamais rien d'impossible, tant qu'on y croit.

À mon grand étonnement, le moteur vibre d'un rythme constant. Je mets le cap sur la plage, la poignée des gaz au maximum. Nous nous élevons sur les vagues écumantes, provoquées par les puissants moteurs des pontons qui filent vers le troisième lac. L'eau froide nous frise le visage, empreint de joie; celui de Dean est illuminé par un sourire amoureux, et réciproque. Lui et Roxanne forment un duo qui semble nous séparer en deux groupes distincts. La chimie change, je le sens. Pour le mieux, je ne saurais dire? Mais une chose est sûre : le « DanMaryDean » *team* n'est plus ce qu'il était. Je me questionne, quand même un peu...

Nous accostons sur la plage de l'ancien Club Kiwanis. La vieille cabane bleue est toujours bleue, mais n'a plus rien de rustique. Il s'agit à présent d'une luxueuse demeure à trois étages tout étincelante, ceinte d'une haie épineuse d'au moins deux mètres de haut. Tout autour, des champs de fleurs et de fraisiers caressent le décor enchanteur où coulent les plus belles fontaines en marbre. J'arrive à peine à me replonger dans le temps tellement les lieux ont changé. Toujours est-il que les propriétaires sont absents et que nous comptons en profiter.

— Pas croyable ça!
— Ça t'étonne tant?
— C'est devenu un vrai petit palais royal.

Le sable fin nous brûle les pieds tant le soleil plombe. Nous installons la couverture au sol et nous nous affalons de tout notre long, prêts à languir dans l'oisiveté. Assoiffés par une chaleur accablante, les bières se font lamper comme de l'eau. Il n'est pas long que les vingt-quatre Budweiser ne sont plus. Pris de boisson, le peu de gêne qui subsistait entre Dean et Roxanne tombe, et pas à peu près : ils s'embrassent goulûment en se frottant l'un sur l'autre, les mains baladeuses. Mon regard se tourne vers Marie, immobile et silencieuse. Ses lunettes de soleil m'empêchent de voir si elle a toujours les yeux ouverts, mais j'ose tout de même tenter une approche. Je me blottis doucement contre son épaule et pose ensuite la main sur son ventre plat, si ferme. Elle tourne la tête et baisse ses verres fumés sur la pointe de son nez. L'air qu'elle me fait m'apparaît irrésolu, comme si le moment était peut-être mal choisi et qu'elle n'avait pas envie de se faire peloter. J'éprouve une cruelle déception, sans rien laisser paraître, sachant qu'elle seule peut décider du moment propice.

Son regard se dirige vers Dean et Roxanne, de plus en plus démonstratifs, et me revient ensuite. Un sourire félin lui monte vite aux lèvres, m'invite à la toucher pour satisfaire son désir ardent; elle est visiblement excitée à la vue de leurs pulsions libidineuses qui les poussent à faire fi de tout. « Ici et maintenant, sans entraves », me susurre-t-elle enfin à l'oreille. Je lui caresse tendrement les seins sous le bikini, explorant de mes mains moites les quatre courbes de son corps. Elle brûle, moi aussi. Nous nous emparons l'un de l'autre avec bestialité, dévorés par le même désir charnel et confus qui nous taraude depuis le tout début du voyage. Nonobstant toute mon ouverture d'esprit, je n'ose pas me laisser aller. Pas devant Roxanne! Je tourne la tête, et, à ma grande surprise, ils n'y sont plus.

— Ils sont passés où?
— Volatilisés dans l'boisé? Derrière la haie? J'm'en criss, prends-moi.

Mes doigts plongent dans sa fente humide et veloutée, déjà prête à recevoir ma verge. Je détache le nœud de sa petite culotte — avec mes dents — et j'abaisse tranquillement le vêtement le long de ses gracieuses jambes. Son pubis rasé n'a qu'un petit velours, si croquable. « Bouffe-la-moi », me réclame-t-elle d'un ton surexcité. Ma langue frétille sitôt dans son antre de vie, modelé à la perfection. Ces grandes lèvres sont douces, parfaitement symétriques, d'une teinte rosée tirant légèrement sur le mauve, unies dans une surface bombée et douillette pour les joues. Je m'enivre de l'odeur de son jus au goût sucré, passant ma langue autant en surface qu'en profondeur, le regard concupiscent et rivé sur son corps de déesse : ma déesse! Ses cuisses m'enserrent la tête, à la limite de la douleur, mais je continue. J'augmente la cadence et j'insère les doigts : deux en avant et un à l'arrière. Elle me fait d'abord un air de dégoût, mais y prend vite goût. D'autant plus qu'elle desserre la prise, prête à passer à l'étape suivante.

« Ta veux, hein! Dis-le p'tit cochon. »

Ses paroles m'invitent à enlever mon short et lui écarter les cuisses. Toujours est-il qu'elle me repousse, insistant sur le fait que je dois lui répondre. L'allumeuse... elle joue à la vulvocrate. « Ta chatte sera mon réconfort », lui réponds-je, ce qui me vaut l'entrée. Une entrée douce et bien serrée dont l'intérieur est meilleur que tout. Cette fois, je prends bien mon temps. Pas question de larguer ma sauce avant de la faire jouir. Ainsi, je me concentre sur les poussées pour tempérer mon excitation, prenant soin d'utiliser le maximum de ma portée. *Deep in, deep out*, encore et encore, toujours un peu plus profond. Je me promène tranquillement entre ses reins, en plein contrôle de ma bite, fier de la satisfaire davantage qu'à Mont-Laurier; ses cris résonnent harmonieusement d'un écho retentissant.

« Ah ouiiii! Danny. Défonce-moi! Corrige la salope en moi. »

Un bruit sourd résonne tout près de nous. Je sursaute comme un cerf traqué par un chasseur et remonte mon pantalon. Quelqu'un arrive à l'improviste et nous surprend sur le fait. Marie est morte de rire. Insouciante vis-à-vis de la situation, elle reste étendue sur le ventre, se dodelinant la tête comme une enfant pleine d'innocence, habituée de se faire gronder par ses parents. Le type reste immobile, le regard froid. Debout, je me rhabille et je lui envoie un : « Bonjour, ça va vous? » trahi par ma nervosité; j'ai l'air d'un vrai con!

— Vite! Rhabille-toi.
— Heille, les nerfs là.
— Les nerfs! Euh… moé j'décriss.
— Jeff Boutin… Non, pas vrai?

Marie le salue d'une manière familière, comme si elle le connaissait depuis toujours.

— Marie St-Pierre… Pas vrai! Tu fais quoi dans l'coin?
— J'baise sur ton terrain.
— J'vois ça, oui!
— Toujours aussi gauche avec les femmes?
— Pas autant, non. Mais toujours aussi célibataire.

— C'est sans espoir alors.

Une conversation dont elle est le sujet principal s'enclenche dans l'excitation. Après de brèves explications sur notre venue au lac, Marie lui exprime quelques relents de nostalgie. En vérité, ils sont d'anciens collègues de travail qui se sont perdus de vue, depuis dix ans. Encore un autre qui n'en pouvait plus du système de santé et qui, un jour où il se trouva seul à pleurer sur son lit — sans comprendre le mal-être qui l'habitait —, a décidé d'accrocher son sarrau pour de bon. Il se dévoile, sans aucun malaise, heureux de retrouver son amie qui, tout comme lui, s'est retirée de ce système déshumanisé. Solidaire à la cause, je lui apprends qu'un pareil sort m'accable. Il m'ignorait totalement jusque-là, mais change vite d'air, comme s'il me disait : « Bienvenue dans l'club, l'ami. »

— On devrait y'aller, hein Marie.
— Relaxe!

Le malaise me pousse à fuir tranquillement. Voyant cela, il lance un : « Entrez donc! », tout à fait indifférent des ébats sexuels qui viennent juste de prendre part. Nous le suivons à l'intérieur, comme deux invités d'honneurs.

Les grandes fenêtres cathédrales de la cuisine laissent pénétrer les puissants rayons solaires d'avant-midi. Jeff se tire une chaise et laisse son corps s'affaler comme une lourde bûche; il nous invite à nous asseoir et nous offre à boire. Je l'observe, silencieux. Le jour éblouit ses yeux fatigués et rouges de la veille, encore sensibles au contact de la lumière qui éclaire la pièce. Drainé de toute énergie, il paraît revenir d'une soirée *rave* ou quelque chose du genre.

— J'ai pas dormi depuis deux jours, avoue-t-il.

— T'as fait quoi?
— *Party* d'enterrement de vie d'garçon, ma chère Marie. Tu sais c'que c'est! Des amis qui se saoulent, te racontent leurs tourments amoureux, qui baisent ensuite avec une inconnue et qui se réveillent le lendemain, avec un profond regret. C'est pathétique, non?

J'aperçois Dean et Roxanne au travers de la fenêtre, et puis :

— Hey! Les voilà.
— C'est qui?
— Nos amis.
— Qu'ils s'amènent, lance-t-il d'un enthousiasme sans pareil, on va souligner votre arrivée.

Il se colle le nez à la fenêtre et leur envoie de grands signes de mains. Le regard trouble, ils se font hésitants, mais viennent tout de même jusqu'à la porte où ils sont reçus d'un :

— Salut gang! Jeff Boutin, un ami de longue date à Marie.
— Dean Tremblay.
« Roxanne Gagnon. »

Les poignées de mains s'échangent aussitôt d'un élan vif et jovial. Il ne perd pas de temps à les inviter à l'intérieur. « Les amis à Marie son mes amis », prononce-t-il tout haut. Je suis agréablement surpris. Malgré son apparence de bourge à lunettes coincé du cul, Jeff est au contraire un homme expressif. Un extraverti, trop accueillant, peut-être même le genre de voisin qui devient vite envahissant à force d'invitations.

— Bière? Vin? Gin? Coco? Choco? Cigare? Cigarette? Chez Jeff Boutin, rien ne manque.
— Euh... J'prendrais une bière.

« Et moi, un peu d'blanc... si t'on offre est sérieuse? »
— Si quoi? Bien sûr qu'elle l'est!

Accoté sur le comptoir de la cuisine, tout près du frigidaire, Jeff sort de sa poche un étui doré duquel émane le blanc demandé. Il s'amène à table avec la bière et trace deux longues lignes sur la surface vitrée, au travers de la crasse et débris de la veille. Son coude accroche un corps mort duquel le restant se déverse par terre.

— Pas grave! dit-il avant de s'envoyer une ligne dans le nez d'un profond SNIFFFF.

Roxanne se lève de sa chaise et s'amène à ses côtés. Le regard fixe sur la table, elle gesticule comme une toxicomane en manque. Je suis amèrement déçu; elle fait ainsi honneur au mythe des danseuses que l'on propage depuis toujours. Je suis désillusionné. Terminé le sacré : l'innocence de la petite fille d'à côté est bel et bien chose du passé. La vie l'aurait-elle malmenée à ce point?

— Soyez pas gênés là. Si quelqu'un d'autre veut coker, qu'il s'approche. C'est gratuit!
— Merci, ça va. Nous autres, on est plutôt du genre fumeur, rajoute Dean.
— Ah! Et t'as de quoi fumer?

Ses yeux s'écarquillent de surprise lorsque Dean dépose la dope sur la table : le morceau à la taille ainsi que la forme d'un lapin en chocolat.

— Ça mon homme, c'est le meilleur hasch au meilleur prix.
— T'en as à vendre?
— Bien sûr. Combien?
— Tout c'que t'as.
— Ben... il me reste ça.

Dean sort sa balance et les négociations commencent. Il roule un joint, fier de faire goûter son produit à Jeff qui, d'un air satisfait, lance un : « Houlaaaaa! » lorsqu'il recrache la fumée. Les volutes blanches montent vers le plafond duquel retombent de longues tiges de plantes grimpantes, accrochées un peu partout. L'agencement entre les couleurs marron du bois naturel, le rouge des briques du foyer et le vert végétal créent une harmonie, une ambiance chaleureuse et apaisante.

— C'est beau chez toi, pousse Dean.
— Merci.
— T'as construit?
— Non! C'est mon père. Il a fait fortune avec sa compagnie : Omega Construction. Il me l'a laissée pour pas cher.
— Et lui?
— Il s'est barré en Floride et remarié avec une *gringa*... Eh oui! J'suis le fils gâté d'un père riche. Mais on s'en fout!

Ses yeux sont illuminés d'une tout autre énergie lorsque l'entente se conclut. Il empoigne le morceau de hasch tel un remède à son état de torpeur dans lequel il se languit.

Une poignée de billets bruns de traverser la table jusqu'à Dean, et puis :

— Vous allez rester un certain temps au lac?
— Ça dépend?
— De quoi?
— De nos finances.
« Au fait, ça dépend de mon amie Julie. J'pense qu'on va rester aussi longtemps qu'elle va nous prêter le chalet, genre deux semaines. »

— Et après?
— Ben, moi si ça marche avec mon emploi, je reste. Eux retournent à Québec.
— Ah! tu veux t'installer en Abitibi. Génial! Si jamais tu cherches une place, j'ai une chambre à louer.
— Sérieux?
— Ouep!

La conversation me ramène brutalement sur terre. Toute bonne chose à une fin, dit-on. Et c'est justement cette fin que je redoute, puisqu'elle menace la félicité dont je jouis. « Ne nous quittons pas », répété-je dans ma tête, car nous avons conçu notre propre bonheur, sur mesure. Le bonheur d'aimer sans condition, de vivre à fond, comme le dernier jour de notre vie, entourés de vieux amis autour desquels gravite une force, une sorte de magie : celle d'une vie prédestinée à l'inusitée.

Il faudra se dire adieux et prendre chacun notre chemin. Pour l'instant, je profite pleinement du moment, mené par la route et la quête de liberté, peut-être illusoire?

L'astre du jour s'efface tranquillement dans une lueur rouge-orangé, moment crucial où les pêcheurs vont s'attaquer au poisson tant convoité : le doré. J'observe depuis les grandes fenêtres de la cuisine les bateaux s'entasser près des îles rocheuses du lac, calme comme un miroir. Il doit bien y avoir cinq-six heures que nous sommes là, à boire et fumer sans arrêt. Une vapeur blanche flotte au-dessus de nos têtes ébouriffées et tombantes de fatigue. Nous voilà dans un état d'alanguissement, réduit à l'oisiveté. Une interminable partie de poker nous tient cependant éveillés. Dean rafle tout. Encore une fois, son ange gardien veille fidèlement sur sa main. Nous le regardons d'un air consterné prendre les billets verts; il doit bien avoir trois cents dollars entre les mains. Il insiste pour un dernier tour de table : « *Come on*, êtes-vous des joueurs ou ben quoi? » Le salopard! La provocation porte ses fruits et nous succombons, pour la Xième fois.

Dean mélange les cartes. Le menton relevé bien haut avec sa cigarette en bouche, il les distribue comme un vrai croupier de casino, avec attitude et élégance. Je regarde ma main : à chier! Jeff affiche son petit air insolent et habituel, comme s'il avait du jeu. Un autre coup de *bluff* qui ne fonctionne pas, mais qu'il persiste à nous faire, et ce, depuis le tout début; on en apprend beaucoup plus sur les gens en une soirée de cartes qu'on en apprend à les côtoyer pendant des années. À voir Dean s'agiter tel un enfant surexcité, je sais qu'il a de bonnes cartes : une main imbattable, encore une fois.

— C'est quoi ces têtes d'enterrement là, les gars? Vous voulez pu jouer?

Un profond silence succède à ses paroles.

— Okay! *Game over*.
— Enfin!
« On devrait y'aller », lance Marie, « j'commence à avoir faim. »
— Attends un peu! Ça fait des années… On n'a sûrement encore plein de choses à s'dire, lance Jeff.
« Tu veux savoir quoi au juste? »
— Tout! Si t'as quelqu'un dans ta vie, tes projets, tes passions, ce qui t'anime…
« Bien… »
— Restez donc pour souper!

Nous acceptons sans hésiter, heureux d'être ses convives.

— J'vais allumer le BBQ et on s'fait cuire des steaks.
— On dérange pas tes plans j'espère?
— Non, pas du tout. Chez Jeff Boutin, c'est plus qu'une simple partie, c'est une soirée.
— Génial!

Il se lève de sa chaise et titube d'alcool jusqu'au frigidaire. Dans son état, je doute qu'il puisse assurer tout seul. Je me lève pour l'aider à préparer le souper, mais Dean et Marie me devancent cependant. « C'est bon! On s'en occupe. » Ils prennent les assiettes débordantes de *T-bones* et l'accompagnent jusque dehors, sur le patio donnant sur le lac.

Laissé-pour-compte avec Roxanne, je la fixe. Elle se tortille les tresses et me fait de grands yeux mystérieux, les mêmes qu'autrefois. Je n'ai qu'une seule envie : aborder le sujet de toute mon existence : Mathilde.

— Toi et Dean, c'est l'coup foudre on dirait.
— C'est tout à fait mon genre : dure à l'extérieur et tendre à l'intérieur. Je l'aime bien, oui!
— Roxanne... as-tu toujours ce don?
— Quel don?
— Celui avec lequel tu t'amusais à lire dans la pensée des gens.
— Hum... T'as pas oublié on dirait.
— Comment j'pourrais oublier ça! Chaque fois que j'te racontais des menteries, tu l'savais. Tu devinais tout.
— Je l'ai toujours. Même qu'il s'est développé en pouvoir de médiumnité avec les années. D'ailleurs, c'est pour ça que t'espérais me retrouver. Pas vrai?
— Voilà! J'ai pensé qu'tu pouvais m'aider à résoudre un mystère. Tu vois, y'a quelques années...
— Attends! Ne me dis rien.

Elle me fixe droit dans les yeux, et puis :

— Je connais cette douleur-là. Tu cherches quelqu'un. Un être cher, n'est-ce pas?
— Oui.
— Ne serait-ce pas... ta bien-aimée?
— Oui! Mais comment peux-tu savoir?

Les yeux qu'elle me fait équivalent à : « Tu sais bien que je sais tout de toi, cher Danny. »

— Elle s'appelle comment?
— Tu veux dire, elle s'appelait comment.
— On a retrouvé le corps?
— Jamais!
— Elle est peut-être bien encore en vie.
— Ben là, y'a treize ans qu'elle a disparu.

Je prends un grand respire, et puis :

— Mathilde... Elle s'appelle Mathilde Lajoie.
— Elle a disparu comment?
— Après une chicane en auto, en pleine route vers l'Abitibi. Elle s'est arrêtée d'un coup sec pis est partie sur l'pouce à Québec. J'ai vu une fourgonnette noire la prendre, c'est tout! Depuis, personne ne connaît la suite. Mais bien sûr, la police ma longtemps soupçonné. Ç'a fait la une de tous les médias cette histoire-là.

Elle me précise tout de suite :

— Désolé! J'écoute pas la télé, ni rien, depuis des années. J'ai même pas de radio.
— Sérieux?

— Tout à fait!

Je la regarde différemment, sans pour autant porter un quelconque jugement. Seulement, tout est si mystérieux chez elle.

— Tu m'trouve pas un peu étrange, Danny Beaulieu?
— Vraiment! Mais c'est tant mieux.

Elle me sourit, satisfaite de la réponse.

Au moment où elle reprend un air sérieux :

— Dis-moi, il s'est passé quoi pour qu'elle soit si pressée de t'quitter?
— Disons que… j'ai pas toujours été franc avec elle.
— Tu l'as trompée, c'est ça?

Lorsqu'elle voit la douleur qui m'envahit, elle comprend. Rien ne sert d'en ajouter.

Tout de suite :

— T'as gardé quelque chose d'elle? Quelque chose qu'elle portait. Un souvenir, ou n'importe quoi du genre?

J'enlève ma chaîne en argent et en retire la précieuse bague de fiançailles qu'elle m'a remise, tout juste avant de me quitter.

— Elle l'a portée?
— Quelques semaines à peine. Mais oui.
— Fais voir.

Elle la prend et l'observe un moment.

— Comment tu t'y prends?

— Les ondes… Tout le monde laisse des ondes sur les objets qu'ils portent. J'ouvre mon canal et j'arrive parfois à les lire. Phénomène parapsychologique des plus classiques.
— Ça paraît si facile…
— Ce le sera, tout dépendant de l'importance et de la signification que cette bague avait pour Mathilde.

Je sens une pression monter en moi. Les mains en signe de prière devant le front, la voilà qui se concentre. Le silence est insoutenable. Elle s'adresse à ses « guides de lumière » d'une voix suave, engloutie par le bruit de ma respiration sifflante que je ne peux contrôler. Je suis tout ouïe, attentif aux murmures qu'elle prononce, sans toutefois comprendre les formules utilisées. Anges ou démons, je ne saurais dire? Mais les forces auxquelles elle s'adresse semblent lui répondre; elle fait de drôles de simagrées, à l'instar d'une ensorceleuse possédée par un esprit malin. La panique m'envahit lorsqu'elle fronce les sourcils, comme si les images qu'elles voyaient dans sa tête n'étaient pas ce à quoi elle s'attendait. Elle remue la tête de gauche à droite et la penche devant d'un seul coup, comme drainée d'énergie. Elle m'apparaît surprise, mais pas autant que moi : la rapidité à laquelle son don opère dépasse l'entendement.

— Que se passe-t-il?
— Elle vit toujours!

Bien que ces mots me réconfortent, cela m'apparaît impossible.

— Comment ça? Elle est où?
— Je vois un temple sur une montagne, un endroit très illuminé, près d'un grand centre urbain. Tout est beau. Tout est parfait. Le bien-être que dégage ce lieu est sans égal. L'harmonie règne. C'est la parfaite symbiose avec la nature. Cet endroit n'est pas ordinaire! C'est

un lieu privilégié pour ceux et celle qui font preuve d'un très haut niveau de conscience. Je dirais qu'elles sont quelque part en Orient, mais je ne saurais dire où exactement. Les gens parlent un dialecte local... Je vois... Je vois une enseigne! Ce temple est dans une province chinoise. Elle est là! Je la vois. Elle est dans une communauté de nonnes... toutes des jeunes nonnes, venant d'un peu partout dans le monde. Elles sont des centaines à se rassembler pour célébrer leur culte, près d'une grande rivière. Elles sont d'une influence particulière, quelque chose entre le bouddhisme et le shintoïsme, basé sur les énergies vibratoires et le respect de toutes formes de vies. Je sais pas ce que c'est mais...Wow! Elles rayonnent la pureté. Certaines d'entre elles sont de vraies saintes. J'ai rarement vu ça. C'est magnifique... vraiment magnifique.

Elle ouvre les yeux et reprend son air normal, dérangée par le détecteur de fumée qui résonne soudain. Le BIP!BIP!BIP!BIP! est assourdissant.

— Tu vois, faut jamais perdre espoir. Ta Mathilde est belle et bien vivante.
— Elle était comment?
— Merveilleusement belle... J'ai vu un cœur candide. Une déesse aux yeux bleu cristal, rayonnante de pureté, de toute son aura.

Je suis muet d'étonnement, inconscient du miracle qu'elle vient d'accomplir. Ma conception de l'ésotérisme est une sorte de magie noire avec laquelle on ne plaisante pas. Je badinais sur le sujet, me moquant de ces prétendus médiums, mais avec la description faite et tous ces détails, j'y crois. Roxanne est une messagère, une vraie.

Dean et Marie s'amènent à table avec les pièces de viande cuite. Jeff suit derrière. Hors de lui, il monte en équilibre sur un tabouret et, d'un coup de balai agressif, décroche l'appareil qui nous mutile les oreilles.

— Tabarnack! J'ai laissé l'chaudron sur le poêle au max. Au diable la sauce!
« À la bouffe! »
— J'vais aller prendre l'air, moé.
— Dan... Quossé qu'y'a?
— Laisse faire Tremblay, ajoute Roxanne qui me suit jusqu'à la sortie.

Dehors, je respire mieux. Mes pensées diffuses m'empêchent cependant de raisonner logiquement. Qu'est-ce que Mathilde fait là? L'a-t-on forcée? L'air confus, je tente de dissiper l'épais brouillard qui me voile l'esprit. Roxanne s'époumone à me répéter qu'elle ne peut m'en dire plus, qu'il lui faudrait plus de temps pour connaître tous les détails. Je ne peux toutefois patienter pour connaître la vérité.

— La police a enquêté pendant des années et ça rien donné. Toi, en quelques minutes, tu retrouves sa trace. J'comprends pas?
— C'est pas sûr qu'elle y soit encore, mais elle y était. Et si elle n'y est plus, elle n'est pas très loin.
— J'vais aller faire des recherches sur le net. Avec ce que tu m'as décrit, j'devrais trouver quelque chose qui correspond.
— J'vais t'aider. Mais pas ce soir. Ce soir, on prend ça relaxe. On va profiter de l'accueil de ce Jeff, d'accord?

Je la regarde un moment et je lui réponds d'un hochement de tête, m'abandonnant à ma tristesse, incapable de me retenir davantage. Lorsque affleure de mes paupières une coulée de larmes, elle s'approche tout près et me flatte le visage. S'ensuit une tendre et chaleureuse accolade que je voudrais maintenir à tout jamais. Me voilà prisonnier, dans ses bras, fragile comme un animal battu ayant déserté ses semblables.

— T'en fais pas, on va retrouver ce temple-là. Tu vas la revoir.
— Même si c'était le cas…
— Quoi?
— J'suis plus le même. J'ai changé. Tout a changé.
— Sois pas si négatif.

Je reprends le contrôle de mes émotions et lui demande :

— Dis-moi Roxy, t'es devenue danseuse comment?

Elle hésite, le regard incertain, comme si notre lien de confiance n'était pas encore totalement établi.

— J'ai pas envie d'en parler.
— Allez! Ça va m'changer les idées. Une fille aussi vive d'esprit et intelligente que toi… j'veux comprendre!
— J'avais des dettes. Ben des dettes. Pis la coiffure, ben ça payait pas assez. J'ai commencé à danser, y'a deux ans.
— Des dettes de quoi?
— De dope.
— Et maintenant, tu t'en sors?
— Pas si pire.
— T'as pas fait d'études?
— Non!

Elle hausse les épaules et ajoute :

— Que veux-tu? Ma vie m'a un peu glissé d'entre les mains. Plus jeune, j'avais pas mal d'ambition. Mais quand j'ai perdu ma fille, ça m'a bouleversée et j'ai commencé à consommer.

— T'avais une fille?
— Oui, une seule! Elle est morte dans un face à face sur la 117, avec son chum. Les deux avaient à peine dix-neuf ans.
— Comment?
— En se croyant capable de conduire, complètement saoule.

Je n'ose plus rien dire.

— J'étais inscrite à l'UQAT cette année-là, en service social. Pas besoin d'te dire que mon plan est tombé à l'eau.

Mes yeux tristes lui expriment quelque chose du genre : « Désolé! La vie n'est qu'une salope. Si tu veux, j'peux t'consoler. » Nos lèvres sont tout près de faire contact. J'hésite, je penche doucement la tête en arrière — pourvu d'une étrange résistance —, mais le bien est fait. Et quel bien!

Dean apparaît sur le patio et nous surprend sur le fait. Je ressens son malaise, mais lorsqu'il tourne les talons :

— J't'en prie. Reste!

Il s'arrête, et puis :

— j'm'en fous. J'veux dire, ça m'est égal.
— Allez viens!
« Oui! Viens donc. »

Il s'approche et se blottit contre nous d'une poigne pleine d'amour. Dès cet instant, je réalise à quel point notre amitié est solide, car il n'existe pas de jalousie entre nous. La douleur de perdre l'être aimé, nous en sommes certes immunisés. Ce doux moment me rend lucide, me fait prendre conscience que nous sommes là les uns pour les autres, au plus fort, comme au plus faible.

« Par Jupiter... Délivrez-moi de la peur irraisonnée de l'oubli qui me tourmente. Que gravite autour de nous l'amour le plus puissant jamais créé. Paix et lumière, partout... Que s'évaporent la haine et l'indifférence et que s'enclenche le processus d'évolution qui mettra un terme à l'ignorance. Et surtout, faites que le destin nous lie ensemble, à tout jamais », supplié-je aux dieux disponibles.

Roxanne me regarde avec le sourire, comme si elle avait entendu ma prière intérieure. Nous levons tous les trois les yeux vers le ciel, laissant tomber quelques paroles rêveuses à la lune qui illumine tranquillement l'horizon. Une brise nous caresse le visage et fait frémir le lac d'un doux murmure de vagues sur lesquelles les huards font entendre leurs complaintes. Le temps s'arrête ici. Qu'importe, rien, personne ne peut nous dérober ce moment. Ce soir, l'éternité nous appartient.

— J'vous aime les gars.

Marie arrive comme par hasard sur le patio; nous l'invitons du regard. Elle se joint à notre cercle, sans hésiter, et augmente la dose de tendresse de cet instant magique qui nous tranquillise l'âme, si amèrement remplie de désillusion.

La nuit s'est installée. Sur la plage, les braises de notre feu crépitent sous un ciel étoilé, couvert d'une lueur mauve-bleuté que crée la plus magnifique aurore boréale que je n'ai jamais vue. Je m'émerveille devant le spectacle céleste qui prend place : des comètes laissent de longues traînées lumineuses derrières elles; elles vagabondent dans le cosmos comme des enfants de la création, libre d'explorer l'infini.

Mon regard revient à la terre. Dean et Roxanne sont blottis l'un contre l'autre et se chuchotent des mots doux, enroulés dans une épaisse couverture de laine, telles des âmes sœurs, inséparables. Marie, elle, parle avec Jeff. Elle s'informe à propos de vieilles connaissances du temps où les deux travaillaient dans le même hôpital, à Québec. Un nom subitement évoqué : Pat Bernier, suscite un choc émotionnel qui réveille en elle de bien mauvais souvenirs. Les quiproquos quant à son histoire abondent. Histoire qui tourne autour de nombreuses controverses et qui fait monter le ton de la conversation.

— Hey gang, chut! Regardez le ciel... c'est un miracle!

Les deux lèvent la tête et sont réduits au silence.

— Wow! Quelle belle nuit!
— Profitez donc du moment.
— T'as raison, Dan. La vie est bien trop courte pour entretenir la haine. Ça fait juste nous gruger en dedans.

« Ça dépend pour qui », ajoute Dean.

Je lâche un soupir de désespoir avant de lui rétorquer que nous sommes choyés d'être ici entre amis. La planète entière est dans un perpétuel conflit, lui fis-je comprendre. Chaque instant doit être savouré comme le dernier, sans regret, conscient que tout peut se terminer n'importe quand, n'importe comment. Il nous a été donné de faire de notre mieux avec ce que nous détenons comme éducation et aspirations. Et peu importe, l'amour dominera toujours. Elle supplantera tous les malheurs si nous l'invitons à orbiter autour de nos vies, aussi misérables soient-elles.

« Bon, j'te l'accorde. J'suis défaitiste. »
— Réalises-tu seulement... On est juste une bande de passants, comme ces étoiles. On file, brille et meurt à la vitesse de la lumière.

« C'est à quelle vitesse ça? »
— Trois cent mille kilomètres-heure à la seconde.

Roxanne se mêle à la conversation.

— Vous savez, l'humain est conçu de lumière. L'âme peut voyager instantanément, en dehors des limites du temps.

Elle magnétise d'un coup l'attention de tous.

« T'es une sorcière, j'le savais. Tu dois sûrement faire des rêves prémonitoires, comme Marie. »
— Ça m'arrive.
« C'est pas dramatique, j'espère? »
— Rarement!

Il prend un air sérieux et lui demande :

« Dan pense que tu peux l'aider à retrouver son ex, disparue depuis des années. »
— On travaille déjà là-dessus, mon cher Dean.
« Sérieux? »
— Eh oui! dit-elle avec le sourire.
« Comment fais-tu? »

Elle tourne la tête et l'embrasse à pleine bouche pour le faire taire, comme si elle refusait de lui dévoiler le secret de son procédé surnaturel. Ils sont beaux. Ils sont si beaux que nous sommes figés à les regarder s'échanger leur langue. C'est le match parfait. Personne d'autre qu'elle n'a réussi à l'attendrir au point de changer son caractère; Roxanne Gagnon est bel et bien une sorcière. Nonobstant toute la tendresse dont je suis témoin, une crainte me taraude l'esprit : celle d'une fin tragique. Dean a perdu plusieurs personnes dans sa vie. Il ne s'est pas étalé sur le sujet depuis longtemps, mais je doute que le deuil de son ex-copine soit fait, même après quinze ans. Le pauvre se sent responsable de son suicide, elle qui avait besoin de lui et qui s'est pendue dans un élan de désespoir, et ce, dans son appartement sur la rue Saint-Jean. Encore chanceux qu'il ne se soit pas fait interner en psychiatrie avec le choc subi. Je l'admire, autant pour son courage que son énorme capacité de résilience. Dean a de cette dureté mentale, mais à force de drames, il pourrait tomber et ne jamais plus se relever.

Plus personne ne se parle. À mon grand étonnement, Jeff et Marie se serrent l'un contre l'autre, jouissant d'une volupté exceptionnelle, déclenchée par Dean et Roxanne, ivres de désirs comme deux amants en excès de folie. Je me sens exclu du « cercle ». Mais rien ne sert de les jalouser ou de leur en vouloir. L'attraction a fait son effet, et, pour le moment, je préfère fuir quelques pas plus loin, seul sur le bord du lac. La tête levée vers la lune argentée, je me soulage la vessie d'un interminable jet d'urine, sifflant joyeusement l'air qui me vient à l'esprit : « *All night long...* » Je réponds aux coassements des grenouilles d'une voix grave, heureux d'exister, et tombe en conversation intérieure, inspiré par le moment.

« Petite salope de vie qui nous donne jamais aucune chance... Cette nuit, nous te baisons avec amour, même si je sais que tu te joues de nous. Cette nuit, tout est permis. Élohim, Jéhovah, Buddha. Allah... déités de toutes mythologies, auteurs et créateurs de ce monde, soyez témoins de notre sollicitude pendant que sommeillent les âmes. Remplissez-nous d'une inépuisable bienfaisance, à changer le vilain en chérubin, les gens méprisables en gens honorables, les tyrans en bienfaiteur de l'humanité... Je sais que VOUS êtes à l'écoute, VOUS, décideurs, gouverneurs de nos destinées. Refusez toute atteinte à l'amour et à la liberté. Refusez qu'on nous plonge dans l'obscurité. Le nouvel ordre est partout, dirige tout. Mais par la force de l'amour, nous vaincrons », soufflé-je au ciel qui me répond d'une brise suave.

J'entends subitement le clapotis des rames d'une embarcation sur les eaux calmes, non loin de moi. Ils s'approchent tranquillement du rivage, cachés dans la noirceur de la nuit. Une étrange sensation, comme une menace au bord de surgir, m'envahit soudain. L'angoisse me saisit sur place, mais de légers chuchotements sèment un doute dans mon esprit.

— Ça c'est du Dean Tremblay tout craché.

Aucune réponse. Je regarde au travers des grandes quenouilles mêlées d'herbes qui me voilent la vue, mais rien! Le son de ma voix a fait cesser le bruit, comme si j'avais déjoué le guet-apens de mes « agresseurs ». Je tourne les talons et fais quelques pas vers la plage : le feu brûle sans surveillance.

— OK Gang! Arrêtez de m'niaiser, dis-je d'un ton énervé.

Un tressaillement nerveux me traverse le corps quand j'entends ce grincement de walkie-talkie, tout juste derrière moi. Une silhouette noire sort de l'obscurité et me plaque au sol : BAAM! Ils apparaissent en groupe, comme des entités maléfiques tout juste relâchées de l'enfer. Je me débats avec l'énergie du désespoir, maintenu au sol par cinq-six hommes. Chacun d'eux me tient un membre pour tenter de m'immobiliser, sans succès.

« Le voilà notre gars », prononce l'un d'eux.

À mon grand étonnement, je réalise qu'il s'agit d'hommes en uniforme tactique, de type S.W.A.T. Mon incompréhension est totale? Qui sont-ils et que veulent-ils?

Ils ont réussi à m'immobiliser et tentent de me passer les menottes aux poignets. Je parviens toutefois à me dégager un bras in extremis et frappe le premier à ma portée du revers de la main CLACK! Le colosse fait un bond en arrière, les mains jointes sur le visage pour atténuer la douleur. Surpris par mon audace, il me jette un regard torve tandis qu'il constate l'écoulement de sang sous son nez.

« Tu vas m'payer ça, mon estie! » rage-t-il.

Il décroche une matraque métallique de sa ceinture et ordonne aux autres de me maintenir debout. Je reçois un premier coup aux côtes BAAM! Mon insolence le met en furie; je n'ai pas bronché et j'éclate d'un fou rire.

« Ah ouan! Tu trouves ça drôle. Attends pour voir. »

Son timbre de voix fait foi d'une inquiétante et impitoyable volonté à me faire payer mon insolence. Je serre la mâchoire dans l'espoir d'atténuer l'indubitable douleur à venir. Il me frappe cette fois à la tête de tout son élan POCH! Je m'effondre par terre, dépourvu de toute résistance. S'ensuit une rafale de coups qui m'envoie dans les bras de Morphée.

« Bande de minables, comptez-vous chanceux de nous être utiles.

6

Le réveil est douloureux. Tout est sombre. Néanmoins, je suis rassuré de discerner Dean, assis à mes côtés. Sa présence amoindrit la peur qui me ronge.

Mon regard fatigué fait le tour de la pièce. Le sous-sol lugubre dans lequel nous sommes tenus captifs est imprégné d'une forte odeur de moisissure, insupportable. L'endroit me donne l'impression d'un lieu hanté, d'un refuge pour tueur fou. D'autant plus que nous avons les poignets menottés sur nos bras de chaise, ce qui renforce ma pensée macabre.

— Hey Dean, ça va?

Il tourne la tête et me jette un regard interrogatif.

— On s'est fait kidnapper?
— Oui, par une bande d'hommes en noir. Ils étaient six, je crois?
— Quoi?

Le brouillard dans son esprit s'accumule. L'air confus, il tente de le dissiper en me bombardant de questions. Je m'époumone à lui répéter les faits avec toujours plus de détails. Quoi qu'il en soit, il semble avoir tout oublié.

— C'était une sorte de groupe tactique.
— Voyons! Impossible?
— Des hommes en uniformes noirs, armés, communiquant avec des walkies-talkies.
— Y'a sûrement une explication.
— Où sont les autres?

Un puissant éclat de lumière émane du plafond et nous extirpe de notre torpeur, comme si quelqu'un était à l'affût de notre conversation; elle fait rejaillir des émotions-chocs au travers d'un flashback dont les images défilent à la vitesse de l'éclair, sans ordre logique. La panique m'envahit. J'observe le ciment effrité autour de nous, tacheté d'un rouge vif semblable à du sang, et j'imagine le pire : la mort!

— Fais semblant d'dormir.
— Pourquoi?
— Ça vaudra mieux!

Les marches de l'escalier craquent d'un rythme lent et régulier. Les paupières entr'ouvertes, je discerne une silhouette sombre et musclée s'avancer vers nous et puis passer sur mon côté gauche. L'instant suivant, je sens l'haleine fétide de l'homme, positionné juste derrière ma tête.

— Faites pas semblant. Vous êtes réveillés et on l'sait.

Nous ouvrons les yeux tandis qu'il rajoute :

— Rassurez-vous. J'suis pas un détraqué envoyé pour vous décapiter. C'est rien du genre.
— Vous êtes qui alors?

— J'vous conseille de limiter les questions. À partir de maintenant, va falloir écouter attentivement. Le qui, le quoi et le comment importent uniquement si on vous l'demande. Compris?

Nous répondons d'un hochement de tête approbatif.

— Restez bien installés et ouvrez grand vos oreilles. Le chef veut vous voir.

Il nous méprise d'un regard empreint de jugement, nous sourit vilainement et regagne ensuite l'étage supérieur d'un élan rapide. J'entends le vieux plancher de bois craquer sous son poids. Ses pas sont marqués d'une traînée de sable qui s'échappe par les interstices des planches sur une bonne distance; l'emplacement semble immense! Mon intuition me dit qu'il s'agit d'un aménagement secret en forêt pour interroger des cas bien particuliers. Mais qu'avons-nous donc fait pour mériter un tel traitement?

— Ils vont nous tuer, Dan.
— J'pensais ça, mais non. Ils veulent nous parler.
— De quoi?
— Une affaire importante... j'sais pas?
— Pense c'que tu veux. J'te dis qu'on est mort dans deux minutes. As-tu vu son regard? C'tune gang de malades!

Une escouade tout entière descend l'escalier d'un pas cadencé : BOBOM! BOBOM! BOBOM! BOBOM! L'affolement s'empare de Dcan. Il essaye de dénouer ses nœuds, se démène comme un diable dans l'eau bénite, mais en vain; je ne l'ai jamais vu aussi paniqué. Sa terreur devient mienne. Je gesticule avec la même énergie, cependant rattrapé par l'évidence : se débatte ne sert plus à rien.

— Danny Beaulieu et Dean Tremblay, prononce celui au centre du groupe. Ça pas été facile de garder votre trace, mes p'tits bums.

J'inspire profondément et lui réponds :

— J'espérais qu'il y ait erreur sur la personne, mais non. On est bel et bien des p'tits bums.

Surpris par mon aise — en apparence —, il se met à glousser de rire en s'assurant que tous autour de lui en fassent autant. Je reprends le contrôle de mes émotions et l'examine de sang-froid. Sa moustache fournie cache la partie supérieure de ses lèvres et s'agence parfaitement à son visage rebondi. Un cou court, un menton gras, une tête complètement dégarnie et couverte de taches de rousseur. S'ajoute à sa physionomie expressive d'épais favoris qui encadrent ses joues bombées. Impossible de se sentir menacé par ce petit rondelet au look de papi dodu, visiblement aux commandes de cette troupe. Néanmoins, il en est tout autre en ce qui concerne « ses hommes ». Ils sont silencieux, bras croisés, sans expression, prêts à exécuter les ordres de leur supérieur dès le moindre signal. Leur mine patibulaire ne me met pas en confiance. Plus je les observe, plus je perds espoir de sortir intacte de cette cave.

— Arrêtez d'nous fixer d'même. Êtes-vous gais ou quoi?
— Non, mais toi j't'enculerais ben avec ta matraque, bouboule.
— Le seul qui risque de vivre ça ici, c'est toi Tremblay. En prison!
— En quel honneur?

Papi Dodu sourit à ces derniers mots et envoie un de ses hommes à l'étage, comme s'il avait anticipé la question. La jeune recrue monte les escaliers à grandes enjambées, excité d'être l'élu qui va nous faire la surprise; et malheureusement, je crains que ça me concerne aussi. L'attente crée un malaise. Personne ne parle. Personne ne bouge. L'impatience prédomine sur les visages monotones de nos kidnappeurs, incommodés par une chaleur humide et étouffante. Leur front large dégoutte de sueurs qu'ils essuient discrètement du revers de la main, tout en gardant une posture rigide. Le chef lui tortille sa moustache en pointe, l'air penseur, comme indécis du sort qu'il nous réserve. J'angoisse terriblement. Toujours est-il que l'envoyé revient avec un sac sport sur l'épaule et brise le silence d'un :

« Le voilà! Tout y est. »

Le chef lui prend le sac d'un geste autoritaire et l'ouvre sous nos yeux, impatient de nous dévoiler son contenu.

— En quel honneur me demandes-tu? Monsieur Tremblay fait dans le trafic de stupéfiants on dirait. Et avec cette quantité-là, si on t'arrêtait, tu pourrais facilement prendre cinq ans. Et toi aussi, Beaulieu.

Il projette la drogue en l'air tandis qu'il lance un cri de joie. La brique de hasch atterrit à nos pieds et me fait sursauter. Le son sourd émis résonne lourdement dans ma tête, à l'instar d'un grillage métallique qui se referme brusquement. Voilà! La prison nous attend. Nous sommes sans pouvoir de négociation, à la merci de nos ennemis.

— J'ai votre attention là?

Nous acquiesçons d'un signe de tête, parfaitement synchronisé.

Il tourne le regard vers moi, et ajoute :

— Beaulieu… Tu survirais pas en taule. T'es bien trop faible. T'as pas envie d'y aller, j'espère?
— Non!
— Parfait! Écoute-moi ben astheure. J'suis l'boss d'la SQ. J'm'appelle Charles Dufour, le conjoint à Marie. On était à vos trousses depuis Québec. C'était nous autres à Mont-Laurier, et bien sûr au Lac Kanasuta, là où on vous a tous ramassés.

Je suis sous le choc, mais j'ose cependant lui demander :

— T'as fait quoi des autres?

Il me jette un petit air insolent, comme si leur sort était sans importance. Qu'est-ce qu'il est laid! Je ne comprends pas ce que Marie a bien pu lui trouver?

— Roxanne a suivi nos conseils : elle est partie danser à Montréal. Marie est de retour avec moi, je l'ai envoyée à Québec sur un bus. Et Jeff, ben… disons qu'y'é un peu dans votre situation.
— C'est-à-dire?
— Soit vous nous aidez, soit vous « taulez. »
— Tu m'expliques?
— Depuis l'opération Octopus, les *Rock Stars* ont pu la main mise sur Rouyn-Noranda, ni aucune autre organisation criminelle. Le champ est libre! De sorte qu'on aurait besoin de votre aide… pour une petite transaction.

Il esquisse un étrange rictus. Je le regarde en riant, persuadé qu'il s'agit d'une blague. Son visage prend une expression menaçante, comme s'il était insulté de par ma réaction.

— Alors?
— Vous voulez qu'on revendre d'la dope que vous avez saisie, c'est ça?
— Exact!
— Pourquoi vous y'aller pas vous autres mêmes?
— Faut rester discret. Avec les derniers scandales, mieux vaut passer par un intermédiaire.
— On parle de quoi, et de combien?

Il agrippe une chaise entassée parmi les débris de bois sous l'escalier et s'installe pour nous faire face. Il nous regarde fixement, les yeux malins. Les bras installés sur le dossier, il se penche vers nos visages et nous explique :

— Treize kilos et demi de bonne coco d'amour, colombienne! Sur ce, on doit en fournir deux à Val-d'Or et un à Rouyn-Noranda. Et puisqu'on n'a trouvé personne pour faire la livraison en région, et bien, v'là votre chance. Alors?

Mon regard laisse planer une aura de mystère et rend mes sentiments indiscernables.

Dean éclate de rire.

« Ben oui, tu nous laisses partir avec trois kilos d'coke et on t'amène l'argent. Ça fait cent cinquante milles! T'as confiance en nous. »

— Cent trente mille dollars en fait, mais bravo! T'étais pas ben loin.

Il prend sa chaise et se positionne vis-à-vis de Dean. Le regard torve, il examine mon ami de façon à l'intimider, le révolver en main.

« Penses-tu m'faire peur, gros gras. »
— Compte-toi chanceux, Dean Tremblay. On aurait pu te livrer à tes ennemis. Ton cas aurait été vite réglé avec un sac de couchage. Et hop, dans l'fleuve!
— C'est d'accord, on va y'aller. Pas vrai, Dean?
— Lui va y'aller! Toi, tu restes. T'es notre garantie, dit-il tandis qu'il range son arme dans son étui.

Il sort son paquet de cigarettes et s'en place une entre les lèvres.

— T'as du feu?
— Dans ma poche arrière.

Il se lève promptement de sa chaise et se place derrière moi. Contre toute espérance, il me démenotte les poignets d'un mouvement machinal — manifestement répété depuis des années — et m'invite à me lever. Je suis estomaqué, mais résolu à ne rien tenter de stupide.

— Tu m'allumes?

Je m'exécute tel un esclave, prêt à tout pour regagner ma liberté. Il inspire profondément et rejette la fumée d'un air absorbé.

— À partir de maintenant, y'a pu de revenez-y. Faut marcher jusqu'au bout, d'accord?

J'hoche la tête en guise de réponse.

— Mets ça autour de ta cheville.
— C'est quoi?
— Un dispositif GPS. Attrape!

Je saisis l'anneau au vol d'un incroyable réflexe. Le regard attentif, j'attends ses directives. Rien de tout ça ne m'inspire confiance, mais que puis-je faire?

— Mets-le!

J'approche les deux extrémités du gadget et j'entends un CLICK! bien net dès qu'elles se touchent. Une minuscule lumière rouge se met aussitôt à clignoter dans un léger BIP!-BIP! intermittent, confirmant l'état de marche du système. Me voilà sous son contrôle.

— Et maintenant quoi?
— Faut t'emmener à l'île.
— L'île? Pour combien de temps?
— Le temps qu'il faudra à Dean pour faire les transactions. Ensuite, t'es libre.

— Et si jamais ça tournait mal pour lui ?

Il échappe un rire sadique et répond :

— Tu crèves, tout simplement. Et là où on t'emmène, personne ne te retrouverait.

Il tourne la tête et demande :

— Apportez-moi le verre.

Aussitôt dit, aussitôt fait.

— Bois ! Ça va juste t'endormir.

Je m'exécute. Quel salaud sans empathie. Je le hais. Il est de cette race de rapace tyrannique, obsédé par le contrôle absolu. Mon sort repose donc entre les mains de mon meilleur ami sur lequel je jette un regard suppliant.

— Dean…
« T'inquiètes Dan, j'vais pas merder. Ça va ben aller. »

Ma vue devient floue et les formes de plus en plus embrouillées. Un long corridor se referme tranquillement et m'envoie au pays des songes, là où mystère et magie s'entremêlent, bien au-delà des limites du temps de notre monde.

7

Je me réveille dans un sursaut nerveux, perturbé par le réalisme de mon rêve : celui de Mathilde. La clarté du jour éblouit mes yeux fatigués, encore sensibles au contact de la lumière qui pénètre par la fenêtre à carreaux, tout juste à la tête de mon lit, inconfortable. Mon regard épeuré fait le tour de la pièce. La chambre est minuscule, décorée de peaux d'animaux sauvages, de fourrures, et d'une tête d'orignal au regard triste; la pauvre bête n'était sûrement pas prête à mourir. Son flamboyant panache brille comme des défenses d'éléphants sacrées, d'une inestimable valeur. Il est cependant couvert de vieux vêtements et de guenilles sales, ne sert plus que de patère. Tout autour, des piles de revues garnissent les étagères poussiéreuses; rien n'a bougé depuis longtemps dans ce campement. Le plus marquant reste cependant cet énorme brochet empaillé : un monstre d'au moins vingt livres. De toute évidence, l'endroit a déjà été habité par des amateurs de chasse et pêche.

Je me questionne encore sur ce qui vient de m'arriver, comme si ce scénario machiavélique n'était qu'une mise en scène bien calculée pour me soigner de mes nombreux tourments — je pense au film *The Game*. Mis à part quelques détails près, je me souviens de toute la conversation avec Charles. La drogue qu'il a utilisée n'était donc pas destinée à me faire oublier quoi que ce soit, comme j'ai pu le croire. Seulement, a-t-il mentionné combien de temps serais-je ici?

Le brouillard dans mon esprit s'accumule. Je tente de le dissiper en me posant tant de questions, mais rien ne fait de sens; tout s'est déroulé si rapidement. Je me ressaisis et pose les pieds par terre, prêt à explorer le nouvel environnement dans lequel je suis apparu. Le vieux plancher en bois de palettes, dont les interstices sont bouchés par de l'écorce de bouleau, craque sous mon poids. Les planches, inégales, sont garnies de clous à demi enfoncés sur lesquels mes orteils se heurtent. Cette cabane deux pièces — en rondins dissemblables et bigarrés — a été construite avec peu de moyens, mais dégage tout de même quelque chose de réconfortant. Je prends plaisir à imaginer qu'elle est une sorte de refuge à vagabonds, ou peut-être bien un abri pour sage voulant sonder les mystères de ce monde. Elle me rappelle les vieux camps de mineurs migrants européens, venus travailler pour la mine Horne au début des années quarante. À l'époque, certains d'entre eux s'installèrent au Kanasuta. Ces pauvres réfugiés de guerre — pour la plupart — se débrouillaient comme ils le pouvaient pour ériger leurs modestes habitations, utilisant des matériaux recyclés et toute leur ingéniosité. Des cabanes faites de vieilles caisses de dynamites, de palettes marchandes, de vieilles billes de drave, et de tout ce qui leur tombait sur la main voyaient le jour aux alentours du lac. Aujourd'hui, il n'en reste plus rien. Toutes ces constructions ont été détruites, à l'exception de quelques rares oublis. Peut-être bien que celle-ci en fait partie?

Une odeur me monte au nez. Je cherche ce qui empeste la charogne et en trouve vite la cause. Sous la table de la cuisine, devant le châssis principal, les trappes se sont refermées sur leurs victimes : des souris. Ils ont rongé leurs chemins au travers du bas de porte — peu étanche — par où s'enfuit le dernier des squatteurs en vie : un gros écureuil roux. Je tiens les bestioles mortes à bout de bras et je m'approche du poêle à bois, installé en plein centre de la pièce. J'ouvre la trappe du baril métallique et les jette dans le tas de cendre. Une boîte en carton remplie d'écorces et de brindilles sèches se trouve juste à côté. De grâce, j'y trouve un briquet. J'allume sitôt un feu pour calciner les dépouilles et chasser l'humidité qui s'est imprégnée à l'intérieur; les rondins pourrissent à vue d'œil. De la fumée s'échappe des trous de la cheminée, rongée par la rouille, et monte en nappe épaisse jusqu'au plafond. J'ouvre la porte pour faire évacuer le nuage blanc qui m'empêche de respirer, le regard ébloui par le soleil levant qui se montre la face.

Au-dehors, le sol est parsemé de grandes fougères, d'herbes, et touffu de lichens blancs. L'épaisse forêt de conifères recouvrant cette île n'est pas défrichée, à l'exception d'un seul sentier. Je l'emprunte, à l'écoute des éléments de mon nouvel environnement, calme et reposant, respirant à pleine poitrine l'air frais qui soulage mon mal de tête. L'odeur pénétrante des grandes épinettes rouges ravive de vieilles mémoires où, encore enfant, je m'amusais à percer ses bulles gommeuses d'une branchette pour les jeter ensuite à l'eau et faire la course. Somme toute, l'endroit m'apaise, à l'instar d'un lieu sacré, caché de la civilisation et de ses impulsions hostiles.

Une étrange sensation de déjà-vu m'envahit, comme si je connaissais ce chemin étroit aux talus inondés et jonchés de longues quenouilles dans lequel coassent les grenouilles. Tout au bout, je contemple le lac : une nappe d'eau noire qui s'étend vers une immensité, infranchissable. Le vent mugit d'un lointain horizon et soulève les vagues qui déferlent sur les parois rocheuses. Une douce mélodie à mes oreilles, comme pour m'annoncer la bienvenue et marquer le début de mon exil sur cette île dont la survie n'est pas garantie.

Je suis silencieux, le regard fixé sur l'horizon bleuâtre, absorbé par mille et une réflexions au sujet de toute cette aventure. Comment la SQ en est-elle venue à jouer dans les plates-bandes du crime organisé? Comment en sommes-nous arrivés là, nous, le *dream team*, chouchous des dieux? J'étais persuadé qu'aucun malheur ne pouvait survenir tant que nous étions tous les trois réunis; je n'arrive toujours pas à le croire! Surtout, quoi qu'il advienne, je suis certain d'au moins une chose : les corrompus font rarement honneur à leur parole. Déjà, je regrette. Je n'ai pas confiance en ce Charles Dufour. Son regard cruel et ses manières menaçantes... je n'oublierai jamais ce visage! J'aurais mieux fait de confier mon sort à un juge plutôt qu'à un policier avili par la cupidité et narcissique par-dessus tout.

Qui sait si la prison aurait été aussi sombre?

La pénombre du crépuscule me donne cette sensation d'abandon duquel je tire un profond apaisement. Plus le temps passe, plus j'ai l'impression de connaître ces lieux, comme si, enfant, le décor m'était apparu dans un quelconque rêve.

J'explore les environs, m'ouvrant un chemin au travers d'une forêt dense, parsemée d'étangs marécageux, si profonds. Je les contourne, sans péril, mais bien d'autres obstacles ralentissent ma progression vers le sommet de cette montagne abrupte où je me dirige, au centre de l'île. Le terrain est escarpé et rocheux, inhospitalier. Les affleurements — tout autour — glissent d'une tourbe verte et mousseuse. Je tombe soudain à la renverse, mais la surface molle sur laquelle j'atterris m'évite bien des douleurs; j'ai joué de chance! Le souffle entrecoupé d'un délire de mots, je continue. Une élévation subite et prolongée va me faire passer en mode escalade. Je grimpe la montagne avec ténacité, m'accrochant à de grandes racines et souches mortes, motivé par le panorama qui se déroule tranquillement sous mes yeux tandis que j'augmente en altitude. Tout est beau. Tout est parfait. La nature paraît en parfaite symbiose avec ses éléments. D'ici haut, je sens l'union ciel et terre, à l'instar d'une divinité provenant des deux mondes. Mais il n'est pas long que la montée devient ardue : la paroi rocheuse est tel un mur droit, sans crevasses, et sollicite toute mon astuce pour franchir les derniers mètres. Je rage, mais j'en viens qu'à me répéter ce vieux leitmotiv pour me surpasser : « Puisque la vie est un perpétuel combat, combattons donc! »

Enfin, j'y suis parvenu. J'arrive au point culminant, à bout de souffle et d'énergie. De ce plateau, j'ai une vue d'ensemble sur l'île, plutôt petite comparée à ses voisines. Elle m'apparaît oubliée, à l'écart du reste du monde dans le fin fond de cette baie, bordée de tous côtés par de jolies montagnes, couvertes de forêts vertes et touffues. Hélas, aucun pylône électrique en vue, ni chemin. Rien! Je suis submergé pas une vague impression de ne plus exister, comme si j'étais soudain frappé par la solitude des environs, imprégnée dans chaque arbre, chaque pierre, chaque morceau de terre.

Le corps perclus de crampes, je me couche sur le dos pour reprendre du mieux. Les questions fusent dans mon esprit, toujours et encore, à savoir si je vais me sortir vivant de cette situation. Je réalise que, lorsque seul au monde, coupé de toute civilisation dans une situation de survie, un travail d'introspection s'enclenche quasi-automatiquement. Un travail pour démystifier le « je » dans la fameuse quête du « qui-suis-je? » La question me tarabuste l'âme en ce moment de quiétude, moment où le silence aiguise tous mes sens. Je comprends mes faiblesses, que chaque décision aura en somme une répercussion phénoménale sur nos vies, aussi cruelles soient-elles.

Une existence misérable nous force à prendre des risques dont certains tirent profit; le système est ainsi fait! À la base du capitalisme, les « pédobills » tendent les pièges pour saigner leurs prochaines victimes. Mais rien ne justifie cette folie de vouloir tout posséder, au nom du plus fort. Politiciens, fonctionnaires, chefs d'État... tous sont corruptibles. Tous sont prêts à semer la terreur pour rester au pouvoir.

« Improbateurs, objecteurs de conscience de toutes espèces. Tôt ou tard vous finirez par croiser le fer avec les défenseurs de ce monde », gémis-je au ciel.

Des crapules comme Charles, le monde en est infesté. Le salopard! Impossible de me l'enlever de la tête celui-là. Je me promets vengeance, coûte que coûte, tout comme je me promets de retrouver Mathilde.

De retour au campement, j'alimente un feu en bordure de l'île. Sur ce rocher plat, battu par les vagues, le bois ne manque pas. Je surveille ce qui se passe sur le lac, attentif au moindre murmure. Du haut de la montagne, j'ai pris conscience de la vastitude de l'endroit, et depuis, je n'ai qu'une seule envie : situer cette maudite île. Peut-être suis-je encore au Kasasuta? Fort peu probable. Le troisième lac n'est pas aussi immense songé-je en remuant les bûches qui fendent en éclats. J'ai plutôt le sentiment d'être dans les environs du Témiscamingue, quelque part entre le Québec et l'Ontario, là où l'on retrouve des lacs de cette immensité. La liste de possibilités est longue : lac Kipawa, des Quinze, Abitibi, Témiscamingue, Simard... Ils font tous entre 150 et 300 km², de quoi s'égarer dans une infinité de baies et de méandres, rien de mieux pour garder quelqu'un en captivité. Mais le plus inusité dans toute cette histoire est ce GPS qu'ils m'ont verrouillé autour de la cheville, car fuir cette île m'apparaît impossible. Je ne comprends pas? Quelque chose me tracasse, comme un jeu de l'esprit. Comme si toute cette histoire de *deal* de drogue n'était qu'un prétexte pour se jouer de moi. Mais dans quel but?

La nuit va bientôt tomber. J'ai avec moi la pille complète de revues Chasse & Pêche, en plus de quelques vieux livres qui traînaient dans la chambre. Je les feuillette et les jettent ensuite au feu un à un, et ce, strictement pour le plaisir. Certains exemplaires sont presque aussi vieux que moi (saison 1986-87). Ceux-là, je prends bien mon temps avant de les brûler : j'y jette un œil attentif, conscient que ces quidams barbus — vêtus de rouge-orangé —, se racontent à présent leurs histoires en se berçant devant le foyer familial, avec leurs petits-enfants assis confortables sur eux. Les années quatre-vingt... une révolution sur tous les plans. Les images de l'époque me fascinent. En l'occurrence, il me survient des pensées situées dans ces temps-là, en ces temps heureux où l'innovation des artistes délurés colorait le monde entier. Nous étions dans un tournant, à l'aube d'un éveil technologique effréné, qui, très sournoisement, allait commencer à modifier le contact humain, et même plus...

Le temps, immuablement constant. Toujours là où on ne l'attend pas, remontant les périodes de l'histoire comme bon lui semble, insouciant de nous effacer un peu plus à chaque fois.

À sept ans, je n'étais qu'un pauvre enfant turbulent et troublé, dû à cette peur irraisonnée de la noirceur. J'avais cette étrange sensation que toutes les inventions malveillantes de ce monde attendaient l'obscurité pour se révéler aux humains. J'étais dans mon univers intérieur, fasciné par toutes ces créatures maléfiques que j'imaginais être là, à me surveiller en permanence. Des cauchemars répétés et une imagination morbide ont fait de moi un cas unique dont on ne voulait pas. Il fut un temps ou mes parents croyaient malsain de me voir caché sous mon lit pour échapper aux « envahisseurs » qui me pourchassaient la nuit. J'en ai eu peur jusqu'à l'âge de douze ans. Âge où mes parents avaient décidé de me faire consulter un spécialiste des troubles de l'enfance. Ce grand monsieur docte, chauve au teint pâle, ressemblait au croque-mort que j'avais vu dans Lucky Luke, même pire. Un homme d'une morbidité exemplaire, autant par ses gestes que par ses paroles. Il avait ce sourire sadique, comme celui des pervers tordus. Ses yeux s'écarquillaient à chaque fois qu'il me posait une question, comme s'il voulait pénétrer mon imaginaire pour y rester. J'en étais terrifié. Mais ses innombrables diplômes universitaires — accrochés derrière lui comme une preuve irréfutable de son expertise — étaient suffisants pour rassurer mes parents. Heureusement, ils n'ont pas eu à débourser trop longtemps pour se spécialiste. La société matérialiste dans laquelle nous vivons nous ramène vite à la raison. Pour certains, c'est à coup de responsabilités. Pour d'autres, par dégoût d'une enfance empreinte de malheurs; dans mon cas, c'est un peu des deux. Mais à quel moment précis l'éducation envahit-elle ces territoires imaginaires chez l'enfant pour tout détruire et nous mettre dans le moule, personne ne sait?

J'ajoute une souche et quelques restes de chicots secs. Une bourrasque attise les flammes qui montent très haut vers le ciel, blanchi par la lune qui illumine la baie, toujours aussi silencieuse. Le feu devient mon seul réconfort. Un réconfort sacré qui filtre mes pensées. Je pense soudain à ces fins de soirées magiques de l'époque du secondaire, passées entre amis sur les plages du Lac Dufault à chanter des airs de Jean-Leloup et Robert Charlebois m'accompagnant à la guitare. Séduire, s'amuser, expérimenter, exalter nos passions, poétiser la vie et tonitruer notre amour, notre envie de liberté… Tout nous paraissait censé à cette époque, tout était lumineux. Et rien au monde ne pouvait atteindre cette vitalité qui nous animait. Nous étions rêveurs, remplis d'espoir pour nos carrières et nos vies, et ce, avec la certitude d'un bonheur durable qui ne se perd jamais. Il était improbable que le temps ait le pouvoir de nous séparer, nous, complices de vie. Personne n'y croyait! Mais après la vingtaine, tout s'enchaîne si rapidement, comme une suite d'événements à laquelle nous assistons, impuissants, poussés par ce désir de faire de notre existence quelque chose d'exceptionnelle. Et chacun prend sa route, gardant le souvenir ineffaçable de ces doux moments de tant d'amour qui nous trahissent parfois avec l'âge.

Quelques braises ardentes crépitent encore parmi les cendres. À demi-éveillé, je m'enroule dans la couverture, bien installé sur mon lit de branches de sapin. Mes lourdes paupières se referment alors qu'une lueur étrange se déplace au large.

Un long bâillement et je sombre dans un profond sommeil.

***

— Bébé... c'est toi? Où t'étais?
— J'étais ici, Danny. J't'attendais.
— C'est quoi cet endroit?
— C'est ici qu'on se réfugie quand la mer se déchaîne sur la côte. Regarde le rivage. Allez, viens voir!
— Wow! Comme c'est beau. Ces cocotiers, ce sable... ça ressemble à notre voyage. Tu sais, quand on est allé à Hawaï. On était tellement bien. Le monde, la place... tout était parfait.

— J't'aime Danny. J'suis désolé…
— À propos de?
— J'vais pas pouvoir m'en retourner avec toi.
— Tu me niaises!
— J'dois attendre qu'la mer se calme.
— On va attendre ensemble.
— Tu peux pas rester. Le gardien du phare n'aime pas les étrangers. S'il te voit ici… j'ai peur Danny! Viens m'chercher. Reviens quand la mer sera calme. Le gardien part toujours quand ça se calme. T'as juste à suivre le sentier. Il est éclairé par des chandeliers la nuit. J'vais t'attendre juste là, devant le grand rocher.
— Mathilde! J't'aime ma cocotte.
— J't'aime aussi…
— Attends! Pars pas maintenant. Mati chérie…
— Il arrive Danny, va-t'en vite! Sauve-toi avant qu'il soit trop tard. C'est dangereux.
— Mati!

**

Rempli d'un sentiment d'incertitude, comme si toutes mes angoisses pouvaient dès lors se réaliser, je ralentis ma respiration et retrouve mon calme, réalisant la tromperie de ce rêve récurrent, toujours plus réaliste.

Ce matin, une fine pluie s'abat sur le lac. Le ciel est noir de nuages. Je prends la couverture et m'empresse de me diriger vers le campement pour rester au sec, harcelé par de nombreux insectes incommodes. Le sentier glisse de boue. Je dérape et j'échappe un « Câliss! » lorsque mon corps donne contre un arbre duquel le chicot tombe au sol. J'ai senti les branches m'effleurer le visage; c'était moins une! Une guêpe me repère et se joint au bruyant escadron à six pattes. Son derrière jaune et velu me frise la peau; elle me bourdonne à l'oreille et je fige sur place, de peur d'être piqué. Je regarde par terre et j'aperçois le nid qui est tombé du haut de l'arbre, probablement entraîné par le chicot dans sa chute. Elles ont sonné l'alarme et se regroupent pour défendre la colonie. Une première série de piqûres va me faire prendre la fuite dans un élan de panique. Elles m'attaquent sauvagement, de tous les angles, sans relâche, et ce, jusqu'au campement. J'entre dans un brutal claquement de porte, hurlant de douleur, espérant qu'aucune d'entre elles ne se soit faufilée à l'intérieur. J'enlève ma chemise et constate les dégâts : enflures sur le torse et les bras, et ça fait mal!

« Quoi, ils sont venus cette nuit? »

Des vivres et une note ont été laissés sur la table.

N'essaie pas d'alerter quelqu'un en allumant un feu la nuit, tu perds ton temps. Encore six jours et nous venons te chercher.

Bon appétit.

Six jours… Encore six jours à passer sur cette île avec que des conserves, du pain, des viandes froides, du beurre, du fromage, des condiments et quelques sucreries à manger; ai-je donc commis un crime si atroce? Je me fais un sandwich débordant de jambon que j'avale sans même savourer, pressé de calmer mes gargouillements d'estomac qui ne lâchent pas. L'eau embouteillée est tiède. Et, à ma plus grande déception, pas de café! Même de l'instantané aurait fait l'affaire.

Charles n'épargnera rien pour me rendre le séjour dès plus désagréable, j'en suis certain! Connaissant Marie, elle doit lui avoir avoué les moindres détails de notre aventure, dont nos coucheries à trois. Hélas, elle ne sait pas mentir. Elle succombe trop facilement aux questions, tentant ensuite de se justifier par tous les moyens; et elle y parvient! C'est dans sa nature profonde. Elle est comme ça, depuis toujours. Je l'imagine en train d'évoquer la clémence de son bourreau, prétextant un moment de faiblesse, mené par un désir profond de liberté qu'elle devait à tout prix assouvir. Seulement, la question se pose : va-t-elle se victimiser jusqu'à nous rendre responsables — Dean et moi — de tous ses malheurs? Quant à Roxanne, je ne suis pas certain? Il pourrait l'avoir menacée de l'incriminer pour qu'elle quitte la ville. Ça reste à voir?

C'est un vrai bordel. J'ai fouillé le campement de fond en comble, vidé chaque boîte et chaque tiroir par terre, frustré d'avoir si peu à manger pour six jours. Malgré le défoulement ressenti à provoquer le désordre, je n'ai pas trouvé grand-chose, à l'exception d'une lampe de poche et d'un couteau suisse, qui, je l'espère pourront bien me servir. Je les garde précieusement sur moi et me dirige vers la chambre, avide de découvertes. Hier, j'ai brûlé tous les livres et revues qui y traînaient, et j'en ai ressenti un grand bien, comme si j'effaçais une partie de l'histoire conservée sur papier; une sorte de rancune contre le temps. Mais aujourd'hui, je soulage ma crise de nerfs et toutes les douleurs qui m'habitent par la violence. Je fracasse les cadres, déchire les photos, défonce le plancher. J'arrache les étagères et les brise en morceaux sur mon genou, d'autres sur ma tête, sans même ressentir de douleur. J'utilise la lame de mon couteau suisse et je réduis la literie en lambeaux. Je projette le matelas au loin, avec le sommier, et ensuite la tête du lit. Celle-ci donne contre la fenêtre à carreaux qui vole en éclat CLANG!

« Ben ça alors! »

À ma grande surprise, un coffre à pêche traîne derrière le lit. Son dessus est marqué de deux initiales au feutre noir : D.B — drôle de hasard… Je l'ouvre, comme on ouvrirait un coffre au trésor, les yeux pleins d'espoir. Les deux étages sont remplis d'hameçons, de trôles multicolores, de flotteurs, de rapalas, de *jiggers*, de *leaders*… un attirail complet! Tout au fond, des bobines de fil cachent un couteau à fileter : un bon vieux J. Marttini Finland. Je le retire de son étui pour tester la lame sur mon ongle. Parfait! Elle trancherait la chair de n'importe quel poisson, comme du beurre.

Ma rage destructrice est passée. À présent, je n'ai qu'une seule envie : pêcher. Toujours est-il qu'il me manque une perche, problème auquel je compte vite remédier, heureux de mes trouvailles de la journée.

La pluie s'abat sur la baie. Loin d'être importuné par cette douche froide, je chante. Je suis pris d'un enthousiasme remarquable, pareil à ces parties de pêche au soleil printanier, là où l'air est rempli de mille douceurs. D'ineffaçables souvenirs me viennent en tête et m'aident, en quelque sorte, à ignorer mon sort.

J'utilise mon couteau suisse pour scier une branche de feuillu, souple et courbée, idéale pour fabriquer la perche dont j'ai besoin. Je l'écorce au complet et j'amincis ensuite l'extrémité. Enfin, j'y attache le fil duquel pendent plusieurs hameçons, méticuleusement distancés les uns des autres. Pour les appâts, j'ai trouvé quelques vers et limaces en soulevant les pierres autour du campement, ceint de sable et de terre noire.

Aux abords du rocher, les éléments se déchaînent vite. Le tonnerre mugit et se répand d'un lointain écho. Le vent fait lever les vagues qui se déferlent sur l'île avec de sourds gémissements. Rien ne peut me faire reculer. J'empale le cocktail visqueux et l'envoie au large, fredonnant les airs populaires de mon enfance, sous un spectacle d'éclairs : « Aimer d'amour, c'est aimer comme moi je t'aime… » J'ai toujours été persuadé que la bonne humeur avait son influence à la pêche, comme si elle dégageait une vibration vers laquelle le poisson était attiré. Et ça marche! En l'espace de quelques minutes, j'ai une première touche. Je me dresse d'un seul coup et j'empoigne la perche, les yeux écarquillés de surprise. Mon cœur bat au rythme des coups donnés par le poisson. J'attends, impassible au moindre mouvement de la ligne. Lorsque la pointe se courbe, j'exécute un mouvement circulaire vers l'arrière et puis tombe à la renverse. J'ai ferré mon poisson et le ramène vers le rocher. À ma grande déception, une vulgaire perchaude pend au bout du fil. Sa tête bossue et sa chair boutonnée de noir me répugnent. Je la décroche et l'envoie au bout de mes bras, très loin au large.

Prise deux. Cette fois-ci, je me déplace au point le plus à pic du rocher, pour plus de profondeur. Je rajoute le vers manquant et renvoie les hameçons à l'eau, avec la certitude d'attraper quelque chose de gros. Le fil entame sa descente vers le fond : un abîme sans fin, là où se cachent les « monstres » marins. Mais, avant même d'atteindre le fond, j'ai une touche. Et quelle touche cette fois! La perche pointe vers le bas, avec une telle force que je dois m'accroupir pour éviter d'être entraîné dans le lac. Sans moulinet, la tension exercée sur la ligne est beaucoup trop grande. J'enroule solidement le fil autour de mes mains et tente de ramener la prise qui offre une résistance colossale. J'imagine facilement un poisson de dix livres, peut-être même plus, mais jamais je ne saurai; un CLACK! et s'en est terminé. Par malheur, ma perche n'a pas tenu le coup contre ce monstre. Comment puis-je espérer pêcher un poisson de cette taille avec cet attirail pour enfant?

Une idée me vient soudain en tête, comme un éclair de génie. Je m'empresse vers l'arrière du campement à fouiller les vidanges, au travers d'un amas de ferraille rouillé et de madriers pourris, gisant-là comme dans un dépotoir laissé à l'abandon. Les sacs-poubelle sont remplis de canettes et de bouteilles de bière, mêlées à des restes de nourritures et à des boîtes de carton. Je cherche un objet assez grand et qui peut flotter; un quelconque contenant de plastique ferait l'affaire. Bingo! J'ai trouvé ce qu'il me faut. Je retourne au rocher, emporté par l'optimisme d'une pêche miraculeuse, selon une vieille méthode de survie, peu connue du commun des mortels.

J'ouvre le coffre, je prends une longueur de fil, et j'y installe les hameçons. Je fixe ensuite ce fil à l'anse de la bouteille d'eau de javel, de mon meilleur nœud. Après quoi, je la fixe solidement à un arbre en laissant un grand jeu. Tout est en place!

« *Lets's try this*! »

Un vieil Amérindien du Lac Simon m'a enseigné ce truc. Le poisson mord et essaye systématiquement d'entraîner la bouteille vers le fond. Mais vu son volume, elle remonte à la surface tel un ballon plongé dans l'eau. Une lutte impossible à gagner contre une flotte qui ne peut être coulée s'engage, et ce, jusqu'à la noyade. Après quoi, il ne reste qu'à récupérer la prise, en souhaitant qu'elle reste accrochée.

Je fixe la bouteille flotter sur les eaux calmes du lac. Quelque chose me dit que le « monstre » y est toujours. Il ne tardera pas, je le sens. J'ai l'instinct pour la pêche, tout comme mon grand-père l'avait, en plus d'avoir hérité de connaissances nécessaires pour comprendre la forêt et sa faune. Je lis les eaux, détecte la présence du poisson, sans aucune explication logique. Ce don particulier fait honneur à mes ancêtres; du sang algonquin de troisième génération coule dans mes veines. J'ai longtemps cherché à camoufler l'Indien en moi, de peur d'attiser tous ces débats dont plus personne n'entend sagesse. C'est simple! Pour l'homme blanc, le rouge n'est qu'un lâche qui refuse de s'adapter à la réalité d'un monde moderne et équitable pour tous. La question d'identité m'a toujours taraudé, surtout à l'adolescence, période où j'étais sensible au discours des autres, rarement en faveur de la minorité que je représentais — car j'étais en contact avec mon peuple en ces temps-là. Un homme issu de deux mondes à part est quelque chose d'étrange à comprendre. Et qui dit étrange, dit souvent idées préconçues. « Tu bois autant qu'un sauvage, mais t'en es pas un », me disaient certains amis. Encore aujourd'hui, j'ai une réticence à m'affirmer au sujet de mes origines. Par moment, je me sens blanc. Par d'autres, je me sens sauvage. Mais grâce à ce que mes ancêtres m'ont enseigné, j'aurai peut-être une prise pour souper.

Mon regard se perd vers l'horizon bleuâtre qui reprend sa place dans le ciel. Le temps passe et je n'ai toujours pas de touche, pas une seule! Ma patience est mise à rude épreuve et j'en perds ma bonne humeur.

En regardant le soleil pourpre amorcer sa descente, je sais que les chances d'attraper du doré seront meilleures d'ici peu : au moment où il ne craint plus la lumière. Je songe à sa chair, si délicieuse. Il y a des lustres que je n'ai pas eu le plaisir d'en déguster...

Je me souviens de ces soirées de pêches miraculeuses où nous retournions au chalet à mon grand-père avec des filets à déguster pour toute une semaine. À l'époque, le doré pullulait dans le lac Fortune. Peu importe le temps de l'année, chaque fois, la pêche était bonne. Mais un jour, un bon bougre dénommé Sigouin, tenta une expérience qui s'avéra désastreuse. L'homme s'était épris pour la chair d'un autre poisson : la barbotte! Faute d'en avoir au lac fortune, il empoissonat le lac le plus près : le lac Rond. Ce lac était en fait un profond étang dont personne ne se souciait vraiment. Ainsi, il pouvait aller pêcher quelques-unes de ses affreuses têtes de barbillons dans le secret, sans que personne ne soit informé de la menace. Sigouin l'ignorait, mais l'étang communiquait avec le *King of the North*, qui lui, communiquait à son tour avec le lac Fortune. L'année suivante, ce fut la catastrophe! Déjà, la rive était tachetée de nuages noirs qui tourbillonnaient par centaines. La biodiversité s'en trouva fortement altérée. L'espoir de se débarrasser de ces abominables parasites fut, pendant un certain temps, au rendez-vous. Tous les pêcheurs du lac les capturaient au filet pour en diminuer l'espèce. Mais, à leur grand regret, le nombre de doré et de brochet continuait de diminuer d'année en année.

La barbotte règne désormais au Fortune, tout ça à cause d'une initiative mal calculée. Sans l'extinction complète de tout ce qui vit dans les eaux, il est maintenant impossible de rétablir l'équilibre. Cependant, les habitants du lac avaient la solution : le vider à sec. Toutefois, cette mesure drastique fut refusée par l'ensemble de leur petite communauté. J'imagine que la municipalité et le ministère de l'Environnement s'y seraient opposés, eux aussi. Mais n'est-il pas légitime d'anéantir l'ensemble d'une espèce pour se débarrasser de ses parasites et tout recommencer?

J'ai une touche! Une toute petite touche qui me remet debout en un éclair. Le contenant de plastique disparaît sous l'eau, quelques secondes, et remonte d'un seul coup à la surface. Je m'agite et m'énerve, incapable de soutenir ce suspense, car soudainement, plus rien ne bouge. « Allez mords poisson, mord! », crié-je tout haut, les yeux fixés sur la flotte. Des ondes commencent à osciller à la surface de l'eau; elle se remue à nouveau. Cette fois, elle cale longuement avant de remonter. Le lousse dans le fil diminue à mesure que ma prise entraîne la flotte, vers un sens et puis l'autre, tel un vulgaire bateau-jouet pour enfant. J'attends encore un peu et je détache le fil fixé à l'arbre. J'amène tranquillement ma prise vers le rocher. Le poisson, à bout de force, se laisse traîner et n'offre aucune résistance. J'aperçois sa tête et, tout près, je l'empoigne d'un réflexe agile par les branchies. De grâce, le précieux doré ne m'a pas échappé. Il ne fait pas plus d'une livre, mais quand même bien, je le garde.

Convaincu de tomber sur le banc, je remplace les appâts et continue la pêche. Cette fois-là, j'envoie la flotte un peu plus près du bord, où je crois avoir la profondeur parfaite. Comme je m'y attendais, je suis en plein cœur du banc. Ils mordent les uns après les autres, sans relâche. Les prises s'accumulent. Si bien qu'au bout d'un moment, je manque d'appâts. Mais avec déjà sept dorés à mon actif — dont un qui fait au moins trois livres —, j'estime en avoir suffisamment attrapé. Du moins, pour cette fois-ci.

« Ça fonctionne ce truc! Qui l'aurait cru? »

Jamais je n'ai été aussi excité à fileter du poisson. Je pense à la façon dont je vais le faire cuire. Le mieux serait sur un lit de braises, enroulé dans des feuilles d'aluminiums.

« Encore un et j'ai terminé », m'encouragé-je en jetant les restes dans le lac.

Un bruit inespéré survient à mes oreilles. Des vrombissements de moteur percent le silence de la baie. Debout sur le rocher, je regarde l'embarcation venir vers moi, figé comme une statue. Je distingue les silhouettes de trois hommes, emmitouflés d'épais manteaux aux couleurs foncées.

Serait-ce Charles et ses hommes, déjà de retour?

L'étrangeté de cette situation imprévue m'assaillit d'un étrange pressentiment, comme si je devais fuir, et vite.

8

Les phares de la voiture percent la noirceur de la froide nuit sur l'autoroute. Dans la voiture, personne ne parle. De toute évidence, ce silence d'enterrement laisse présager le pire des dénouements. L'incertitude quant à leur intention me donne la chair de poule.

Selon moi, le plan a échoué. Quelque chose est arrivé à Dean et, maintenant, ils ne savent que faire de moi.

Incapable d'en soutenir davantage, je me prononce :

— Vous avez oublié d'me droguer. J'sais où est votre planque astheure.

Charles tourne la tête, et puis :

— C'est pas une planque. C'est juste un vieux camp abandonné. De toute façon, on va pas t'revoir.
— Ah non, pourquoi ?

Un long frisson me parcourt le corps lorsqu'il me fixe droit dans les yeux. Je tente d'en savoir davantage, mais il fait la sourde oreille.

Il se contente d'affirmer que j'allais bientôt comprendre. Mais comprendre quoi au juste?

— Pouvez-vous me débarrasser de ce satané GPS?
— Faudra attendre encore un peu. Et pour ton bien, cesse de me questionner.

« Ils auraient bien pu m'éliminer sur l'île. Un endroit isolé, parfait! Mais ils ne l'ont pas fait. Ils ont encore besoin de moi… Ils me veulent en vie », pensé-je en toute logique.

Lorsque nous arrivons à la fourche, la voiture prend le tournant vers le Lac Kanasuta. Dès ce moment, un léger espoir de retrouver la liberté me gagne. À mon avis, nous nous dirigeons chez Jeff pour renégocier notre entente, rien d'autre.

— Dépasse-moi ça!
— Dès que possible.

Devant, un camion lourd nous ralentit. La ligne double et les tournants nous empêchent de le passer. Lorsque le moment vient, une voiture passe en sens inverse et rompt notre chance. Notre vitesse oscille ainsi entre 80-90 km/h derrière le véhicule chargé de billes de bois. L'atmosphère est alourdie par notre conducteur — un gros noir aux allures de videur — qui pousse un soupir d'impatience. Il s'ensuit une série de jurons, prononcée avec un fort accent haïtien. J'éclate de rire, ce qui le met en furie. Il contracte la mâchoire et gesticule en même temps.

Et puis soudain :

— Tu trouves ça drôle… Profites-en. Tu vas bientôt perdre ton petit sourire.

« Des menaces? »

— Non! Je fais jamais de menaces. Juste des promesses.

Je me moque de lui, disant que mieux vaudrait apprendre à sacrer décemment avant de jouer au méchant.

« T'as sûrement été le souffre-douleur de ton école toi. Non? »

Aucune réponse. Il accélère brusquement pour faire passer sa colère, visiblement provoquée par mon dernier propos. Charles tente de le calmer en vain. Nous dépassons le camion lourd, sans problème, mais lorsque nous regagnons notre voie, les yeux illuminés d'un animal nous fixent. L'orignal fige. La collision m'apparaît inévitable. J'entends les cris d'affolement de tout un chacun. Pourtant, aucun choc, rien. Je relève la tête et regarde la bête s'enfuir dans les bois. Nos yeux écarquillés de stupeur se croisent, comme si personne ne croyait au miracle : celui d'être indemne.

— Ouf! Ç'a passé proche.
— Ralf, fais gaffe calvaire!
— Oui, pardons. J'suis un peu énervé là.
— Ignore-le. Il veut juste nous faire chier… mais pas pour longtemps.

Charles retrouve son calme et ajoute :

— Quossé ça! Les orignaux sont aussi suicidaires qu'le monde dans votre région.
« Sûrement », lui réponds-je.

Son affirmation me choque, car, il y a réellement eu une vague de suicides ces dernières années en Abitibi. La drogue de mauvaise qualité — apportée par les *Rock Stars* — a fait des ravages, surtout auprès des jeunes dans la tranche de 16-21 ans. Un vrai désastre!

Partout sur les réseaux sociaux, on en parle. Et à le voir rigoler, il n'y a aucun doute qu'il le sait.

— Au mois, ça règle un gros problème : la délinquance juvénile, rajoute-t-il.

Il veut me provoquer. Il va me trouver.

— Des problèmes… y'en a plein là! La SQ qui abuse des jeunes prostituées, qui revend de la drogue saisie, qui abat des innocents par accident dans des descentes...

Je cite de nombreux cas, sans ménager les détails. Pourtant, ni lui ni personne ne rage. C'est à croire que ces salopards se sont accoutumés aux attaques publiques, de plus en plus nombreuses. Les histoires d'abus, de corruptions et de brutalité policière font la une des médias depuis 2020, assurément la pire époque de violation des droits humains. Partout, les scandales éclatent et déclenchent l'indignation du peuple, mais surtout de la nouvelle génération, maître dans l'art du piratage informatique. Aux États-Unis, la NSA et le FBI en ont plein les bras et n'arrivent pas à rétablir « l'ordre ». Les forcent s'opposent. Le pouvoir tend à prendre une autre forme, à se partager de plus en plus secrètement. Nous sommes à l'air d'un grand changement, peut-être même d'un tournant historique, car ces jeunes érudits sont résolus à prendre leur destin en main. Ils ont compris l'enjeu économique, qu'en étant tous du même côté, rien ne pouvait les arrêter. Maintenant, ils osent braver les autorités — au nom du bien commun —, alors que ceux-ci, débordées et ébranlées par l'insoumission qui mènera à l'inévitable, basculent dans le dérapage.

J'aimerais vivre encore un peu… histoire de voir où tout ça aboutira.

Nous prenons le chemin de la pourvoirie du lac. Juste avant le passage à niveau, une voiture est stationnée dans la sablière, là où a déjà eu lieu des règlements de compte entre mafieux. La Ford Lincoln nous signale sa présence en allumant ses phares. Nous nous arrêtons, sans grande surprise. Charles descend du véhicule et va à la rencontre des hommes : trois au total. Leurs vêtements sombres s'agencent parfaitement avec l'aspect patibulaire qu'ils dégagent. Ils se saluent, s'échangent quelques mots et nous font signe de nous amener.

Avec les deux autres colosses derrière lui, Ralf m'escorte à mes pourfendeurs de liberté.

— Danny Beaulieu… t'es un p'tit merdeux toi.

Je lui fais un sourire arrogant et j'ajoute :

— Penses-tu?
— Tu peux dire merci à ton ami Dean. Il a vendu la dope, sans problème. Un vrai *dealer*. Le meilleur même! Il a passé le double de la quantité qu'on avait espérée, en une seule journée.
— Et alors?
— Ton exil est terminé. Voilà pour toi.

Il me présente deux liasses de billets bruns, d'une épaisseur à pardonner tous les crimes.

— Vingt mille dollars! Avec ça, tu peux prendre ta Mustang pis retourner à Québec. Pis, t'oublies tout ça. Toute l'histoire. *Deal*?
— T'es qui toé, un autre flic pourri?
— Laisse faire les questions. Prends-tu l'argent ou pas?
— D'accord! J'vais prendre l'argent et tout oublier, si vous me dites où sont les autres.

Ils se regardent d'un air incertain, hésitant à me répondre.

— Alors?
— Dean a eu sa part du gâteau. Il est parti à Montréal, rejoindre ta danseuse qui travaille maintenant là-bas. En ce qui concerne Marie…

Charles s'avance vers moi et prend la parole.

— T'as couché avec?

Le rictus me tord la lèvre.

— On l'a baisée à deux, ben comme faut, pis elle a aimé ça. La cochonne… Elle criait nos noms, comme une vraie folle. On l'a tellement bitée, tellement giclée! Une vraie nymphomane.

Son regard exprime une rage jalouse qu'il soulage en me frappant, mais j'encaisse sans broncher, le sourire aux lèvres. Humilié dans son orgueil, il prend son arme et me l'appuie contre le front.

— Hey Charlo, relaxe là! Fais pas ça! Marie… tu sais comment elle est. C'est pas nouveau, elle t'a déjà doublé dans le passé.

Il tourne la tête vers son collègue et puis range son arme.

— Marie, est à moé. J'veux pu jamais te revoir avec. C'tu clair?
— Ben clair.
— Astheure, décriss!
— Va chier!
— Quoi?
— J'ai dit, va chier! Va chier gros poulet sale.

Il me frappe encore. Mais cette fois, je riposte d'une fulgurante droite qui l'envoie par terre, face contre sable. J'ai senti mes jointures lui écraser le visage, non sans douleur. Il se relève en titubant et revient vers moi. « Toé… mon tabarnack! » La bagarre éclate. C'est la mêlée générale. Aussi vite commencée aussi vite terminée. Le gros Charles et moi sommes respectivement retenus par trois hommes. Tout de même, j'ai eu le temps de lui mutiler le visage dans un échange de coups rapides. Le sang coule sous son nez et sa face est boursouflée, ce qui me donne fière allure.

— Toi, va-t'en d'icitte pis ça presse, m'ordonne Ralf.

Il me lance les deux liasses de billets, un trousseau de clés et me pointe une direction.

— Ta Mustang est juste là, dans l'autre carrière de sable.

Je suis muet.

— T'as ton argent, ta voiture. Dégage!
— Qui va m'enlever ce GPS-là, sur ma cheville?
— Viens-t'en!

Je le suis jusqu'à la voiture. Il ouvre le coffre et prend un instrument plutôt étrange, à l'apparence futuriste. L'objet paraît d'une grosse clé à molette robotisée, pourvue de pinces à une extrémité et d'une boîte de contrôle à l'autre.

— C'est quoi ça?
— Le dispositif qui permet d'enlever le bracelet. Allez, donne la patte.

Il me prend la jambe tandis que je garde équilibre en m'appuyant sur la portière. Son visage crispé et ses mouvements brusques m'indiquent qu'il n'a pas l'habitude d'utiliser cet appareil sophistiqué. J'angoisse un peu, tel un patient dont la vie repose entre les mains d'un médecin peu expérimenté.

— Sais-tu t'en servir?
— Pas vraiment, j'l'ai fait deux fois seulement.

Le bras s'allonge dans bourdonnement électrique, semblable à une perceuse qui roule à cent mille tours minute. La pince vient agripper le bracelet à la hauteur de ma cheville. Elle tourne sur elle-même en se rétractant rapidement. Je sens le métal se desserrer tranquillement et puis tomber au sol en deux morceaux TACK! TACK!

Me voilà libre.

— V'as-t'en maintenant.
— J'vais pas vous revoir?
— Non!

Je lui tourne le dos et commence à marcher nerveusement vers la Mustang, prêt à fuir au bout du monde. Suis-je vraiment libre?

Un son étrange, comme une arme qu'on dégaine, me fige sur place.

— Y croyais-tu vraiment, p'tit merdeux?

Je tourne tranquillement la tête. Avant de mourir, je lui jetterai un dernier regard, même une dernière parole; quelque chose de marquant qui le fera hésiter. Je suis sans crainte, sans regret, dans un état particulièrement agréable d'extrême lucidité. Je ressens peut-être bien ce qu'un soldat ressent avant de débarquer à la guerre? Ce moment où plus rien n'importe, où nos émotions ont trafiqué notre sensibilité au point de s'être conditionné à mourir.

Un puissant choc me brutalise le corps et m'envoie au sol. Je suis paralysé, mais toujours en vie.

— Laissez-moi le plaisir de lui injecter la dose, prononce Charles qui arrive à mes côtés.

L'air vilain, il agite une seringue tout près de mon visage, en vérifie le fonctionnement, et me l'enfonce dans la fesse. Je reste éveillé, flottant sur un nuage où tous mes soucis s'apaisent instantanément. Plus rien ne m'importe.

Les gyrophares d'un véhicule d'urgence tournent dans la noirceur. Deux ambulanciers en sortent et m'installent sur une civière. Ils m'attachent les poignets aux barres de transport. « C'est par simple mesure de précaution », disent-ils, avant de me glisser à l'arrière du véhicule. À mes pieds, les portes se referment dans un violent claquement. Tout devient flou, comme si un voile de fumée m'était tombé devant les yeux.

J'ai l'impression de perdre la raison. Que m'arrive-t-il donc?

9

Les murs de l'hôpital sont comme ceux d'une forteresse, destinés à protéger la ville de tous ces fous. Ici, c'est le débordement. Des patients entrent chaque jour, et ce, depuis des mois.

Dans les couloirs de l'unité, le soleil d'automne transperce les fenêtres de plastiques où certains patients observent quotidiennement l'extérieur, habités par un seul désir : sortir d'entre ces murs. Comme chaque matin, je vais au fumoir. Après ma cigarette, j'attends l'arrivée des cabarets pour le déjeuner, assis devant le téléviseur du salon. Les nouvelles sont mauvaises, comme toujours : attentats, meurtres, chute du dollar canadien, hausse des taxes…

À L'IUSMQ (l'institut universitaire en santé mentale de Québec), nous sommes protégés. Rien ne peut nous atteindre, pas même l'atmosphère démoralisatrice du monde extérieur. Seulement, au sommet de ma psychose, j'ai pris la fuite! Puisque j'avais déjà travaillé dans cet asile, je conservais un double de la clé maîtresse en secret, pensant qu'elle pourrait un jour me servir; ma santé mentale dépérissait comme jamais et je n'écartais pas la possibilité de me faire interner. Tout ce temps, je la cachais dans mon matelas, où j'avais fait une mince ouverture à l'aide d'un couteau. Et une de ces nuits agitées de pleine lune où tout devient *insane*, j'ai décidé qu'il était temps d'aller profiter des chaleurs de l'été. Personne n'a remarqué mon absence avant le lendemain matin, puisque le personnel est débordé de travail. Mais grâce à mon évasion, l'institut compte engager davantage de préposés aux bénéficiaires. Voilà une autre bonne raison de justifier le prochain déficit, qui, d'année en année, ne cesse d'augmenter.

— Ça va ce matin M. Beaulieu?
— Ça pourrait aller mieux, réponds-je à l'infirmière.

Je note une augmentation de la dose.

— C'est normal qu'on la change?
— Quoi ça?
— La dose!
— Tout à fait. Vous pourrez en parler avec le Docteur. Il vient vous rencontrer ce matin. Ah! Le voilà justement.

Une autre rencontre dans ce bureau aux couleurs grisâtres qui me donnent la sensation d'étouffer, et ce, pour parler des événements de cet été. Événements dont j'ai de moins en moins souvenance.

Le Doc prend sa posture habituelle et me fait son sourire emblématique, à l'image de l'institut : en apparence sincère, mais parfois trompeur. Il dépose un dossier sur le bureau et en sort quelques feuilles qu'il regarde d'un œil attentif.

— Comment vous sentez-vous, M. Beaulieu?
— Bien, même si j'ai pas grand souvenir de mon escapade.
— Pourtant, il s'en est passé des choses. Deux semaines en cavale sur la route, c'est pas rien!
— Ouan! J'en avais besoin. Fallait que j'sorte d'icitte.
— Ça fait cinq mois qu'on vous a admis à l'institut, et jamais vous n'en avez manifesté le désir.

— Je sais, mais ces derniers temps, j'étais nostalgique. Je pensais à mon ancienne vie, à mes vieux chums pis à mes blondes…

Il remonte ses lunettes sur son nez étroit et continue l'entretien.

— À notre dernière rencontre, vous disiez être toujours en deuil de votre ex-copine, disparue il y a maintenant quatorze ans.
— Ouan!
— C'est ce deuil impossible à faire qui a empiré votre état?
— On peut dire… Ç'a déclenché un ouragan de désespoir. J'suis vite devenu dépressif, et j'ai ravagé ma vie.
— Parlez-m'en.
— Il fut un temps où j'pensais qu'on la retrouverait, qu'elle voulait peut-être juste me donner une bonne leçon, mais ça pas duré! J'ai tenté de noyer ma douleur dans la drogue, l'alcool, le jeu, le sexe… J'ai perdu Doc, absolument tout! Emploi, amis, argent, santé... Mais je m'en foutais. Pour moi, tout ce qui comptait, c'était Mathilde.

Il prend une pose, et puis :

— Croyez-vous toujours qu'elle se cache en Chine, dans ce monastère pour femmes?

J'hésite un instant, sachant que ma réponse aura une incidence sur ma libération.

— Non! Ça faisait partie de mes nombreux scénarios. Dans ma tête, ça tournait tellement vite.
— Quand même, celui-là, vous l'avez défendu avec ferveur.
— En effet.
— Et pourquoi?
— Parce que ça me plaisait d'imaginer qu'elle était encore en vie.

— Et si jamais on la retrouvait…
— J'ai parlé aux flics récemment. L'enquête est tombée *cold case*. Ça va dormir et tomber dans l'oubli. On ne la retrouvera pas!
— J'peux comprendre que cette nouvelle vous a perturbé, M. Beaulieu. Mais voyez-vous…
— Comprendre! Vous pensez comprendre!

Mon agitation devient évidente. Au bord de la crise, je me lève promptement en poussant un cri de rage, et puis :

— Écoutez Doc. Posez-moi vos questions avec votre p'tit air prétentieux si ça vous amuse, j'peux endurer ça. Mais cessez-moi cet altruisme-là, parce qu'il est faux! C'est vraiment insupportable. Vous pouvez pas vous intéresser à la vie d'vos patients. Pas quand vous êtes payé pour ça. Vous êtes tous pareils… J'vous hais!

Je vois qu'il prend peur et qu'il hésite à sortir de la pièce. Une infirmière s'amène et regarde par le carreau de la porte. Il lui signale que tout est beau d'un signe de la main, discernant vite que la menace n'est pas physique, contrairement à ses collègues féminines qui auraient vite fait d'appuyer sur le *panic button*.

— Excusez-moi, Doc. J'ai un peu exagéré là. J'suis juste ben tanné…
— Ça va, Danny.
— Vous pouvez continuer. J'vais m'calmer.

Il ne paraît pas trop déstabilisé, ce qui me plaît.

Je me rassois et il reprend aussitôt.

— Donc, en résumé, vous croyez avoir été victime d'un coup monté. Coup monté dans lequel un policier vous a tenu captif sur une île isolée, quelque part au Témiscamingue. Comment vous êtes-vous échappé?

J'éclate de rire.

— Bonté divine! J'me pensais meilleur raconteur. Ça ferait une bonne histoire de film, ou pour un roman.
— Donc, vous niez tout maintenant, du début à la fin?
— J'étais pas bien Doc. Vraiment pas bien! J'voulais vivre quelque chose d'épatant, une aventure pleine de rebondissements. J'm'en suis créé une!
— Et vos amis, eux, n'ont-ils rien constaté de vôtre état maniaque?
— Ben disons qu'ils voulaient une *ride* à tout prix. Pis de toute façon, chacun a pris sa route une fois à destination.

Il se gratte la tête. Je sais qu'il réfléchit. Je n'ai peut-être pas réussi à le convaincre totalement, mais je sens que le doute s'installe en lui.

— Ça été une belle cavale, sans conséquence?
— Voilà! Bonne bière, bonne bouffe, bon baiser d'Abitibi. Rien de plus.
— Hum! Tout d'même, si ces gens-là ne vous avaient pas retrouvés… Imaginez la tournure que ça aurait pu prendre.

Dieu merci, une autre rencontre de passée. Une heure à me faire poser les mêmes questions posées par ce jeune néophyte, facilement manipulable. Le mois prochain, je passe devant le TAQ (tribunal administratif du Québec). Selon le Doc, j'aurai peut-être ma libération complète. Ainsi, je pourrais reprendre ma vie « normale » plus vite que prévu.

Il y a un bon moment que je n'ai pas vérifié mes courriels. À chaque fois, la grosse Carole est là. Impossible d'aller sur le net. Elle devrait pourtant le savoir : il n'y a qu'un seul ordinateur pour vingt usagers. Elle fait preuve d'un égoïsme sans pareil, comme tous ceux qui sont ici d'ailleurs.

— J'en ai jute pour cinq minutes.
— D'accord, lui réponds-je, incapable de m'énerver.

La médication m'assomme. Je marche d'un bout à l'autre du couloir, tel un zombie, dépourvu d'énergie, de toute vitalité, toujours en train d'attendre après quelque chose. Mes pantoufles bleues lustrent la tuile blanche de l'unité, si propre. Au passage, je regarde dans les chambres des autres patients. Ils sont vautrés sur leur lit, le regard perdu dans le néant, réduits aux statuts de naufragé de société, sans but, désabusés du système duquel ils se sont séparés. Je suis dans le même état d'âme. Seulement, je me fixe des objectifs à court et à moyen terme, ce qui m'aide à attiser la flamme et à rester en chair. Pas facile de garder le moral! Un autre patient s'est suicidé la semaine passée : Éric Tanguais, un jeune entrepreneur en construction qui n'en pouvait plus de vivre avec toute cette pression sociale. Sa chute fut dès plus classique : le burnout, le divorce, la pension, la drogue, les dettes... Le pauvre s'est pendu dans son garage dès sa première sortie de l'institut. Il n'était pas rétabli, loin de là. L'extérieur lui faisait encore peur; ça se voyait dans ses yeux! Mais puisqu'on cherche à diminuer le nombre de patients à l'IUSMQ — pour toucher les subventions en conséquence —, des gens comme Éric sont retournés chez eux trop rapidement. Le pauvre... Il était bien apprécié ici sur l'unité. Il nous manquera à tous.

Il doit bien y avoir vingt fois que je fais l'aller-retour. La voilà qui tourne la tête, juste comme j'arrive devant elle.

— J'ai terminé!

« Lève ton gros cul et dégage », pensé-je lui répondre, elle qui nous importune tant avec ses histoires d'agressions et qui éclate toujours en sanglots, simplement pour s'attirer la sympathie du personnel.

Je prends la place, impatient de voir si quelqu'un m'a envoyé un message. Sur la page d'accueil de Yahoo, les nouvelles du jour sont toujours aussi insignifiantes. Je n'arrive pas à taper le bon mot de passe. J'essaie toutes les combines possibles, mais rien n'y fait.

Je réfléchis un instant. Mes mots de passe ont toujours été d'une facilité exemplaire, notamment pour éviter de les oublier. Il ne reste qu'une possibilité, le fameux « QWERTY » : les six premières lettres du clavier en haut à gauche. Enfin, j'accède à ma boîte de courriel. Comme je m'y attendais, je n'ai reçu aucune nouvelle, pas même un petit bonjour d'une vieille connaissance. Je suis désespéré. Dean et Marie ne répondent pas à mes messages ni à mes appels téléphoniques. Il semble que notre amitié se soit terminée en même temps que notre aventure. Comment peuvent-ils m'avoir laissé tomber aussi vite?

Je les rencontrerai bien traîner quelque part au moment opportun, j'en suis certain!

Je ne dors plus. De ma fenêtre de chambre, je jette un dernier regard sur la ville avant que sa bruyante et lumineuse agitation ne disparaisse dans la nuit. Tout m'apparaît insensé, comme si j'avais vécu un rêve éveillé. J'essaie de retracer le fil des événements de cet été, hanté par de nombreuses questions. À certains moments, je sais que j'ai déliré. Mais à d'autres, j'étais lucide.

J'ai ignoré ma maniaco-dépression et j'ai refusé toute aide pendant des années, ce qui a provoqué cette psychose. Mon psy est de mon avis : j'avais besoin de vivre quelque chose d'intense et de risquer gros, pour prendre conscience du problème, sans quoi, je n'aurais probablement jamais accepté d'être interné.

Jusqu'à ce jour, ma vie était tout sauf ennuyante. Je me sens lentement tomber dans cet état de langueur qui finit par atteindre tout le monde ici; le compte à rebours est commencé, mais je tiens bon. Après un certain temps, la majorité des patients deviennent d'irrécupérables zombies. Ils n'attendent que de retourner à leur misérable petite vie, avec une seule et unique envie : fuir la réalité de ce monde par toutes sortes d'excès dans lesquels ils pourront enfoncer leurs douleurs. Pour d'autres, il est question de vivre l'aventure humaine sans entrave, d'aller ailleurs, vagabonder jusqu'à la mort en espérant qu'une chose : laisser une toute petite trace. Mais pas pour moi! J'ai d'autres plans maintenant. L'espoir de vivre une vie normale et équilibrée me taraude, et ce, pour la première fois depuis dix ans. Je veux me refaire, de A à Z. Retourner travailler, renouer avec la passion, me refaire un cercle social, une blonde, une cote de crédit et tout ce qui s'ensuit. Je rêve déjà d'une maison, d'un chien, d'un jardin, d'un atelier de peinture et d'un garage où je prendrais soin de mon précieux bolide. Après quoi, il me faudra trouver un sens à mon existence pour garder le cap de la raison, car c'est bien tout ce qui nous tient en scelle.

Dieu merci, j'ai les pensées de plus en plus claires. Je suis sur la bonne voie, sur la voie du censé, là où les rêves sont en accord avec l'image que nous projette la masse. La tempête est passée. Mon esprit redevient stimulé par des choses toutes simples où les idées de grandeurs n'ont pas leur place. On m'a ratissé l'intérieur et fait un miracle. Je redeviens ce que j'ai redouté une bonne partie de ma vie : un être terre à terre et centré sur le superficiel.

Les matins sont toujours aussi mornes, surtout en novembre, mois de la froideur et de la noirceur. Personne ne se parle. J'entends les autres patients saper tandis qu'ils avalent leur déjeuner, toujours aussi fade. Devant le poste de garde, je cogne à la vitre pour parler à un infirmier. On me répond d'un : « Que voulez-vous, M. Beaulieu, nous sommes débordés là? » qui dénote toujours la même impatience. L'anxiété me pèse puisque je suis à moins d'une heure de passer devant le TAQ, et de possiblement quitter à jamais l'IUSMQ. Ce moment m'apparaissait pourtant encore si loin…

Je fais les cent pas devant le poste de garde et, lorsque j'arrive au bord de la crise, le Doc apparaît sur l'étage. Son enthousiasme paraît candide, comme s'il était persuadé que mon séjour parmi les fous allait prendre fin, aujourd'hui même. Devant moi, il me serre la main et m'invite à le suivre jusqu'à son bureau, où nous discutons brièvement des procédures à venir. Il éplucha les nombreux dossiers devant lui, l'air confiant, et me questionne sans plus tarder sur mes plans à court terme. Je lui précise que j'ai trouvé un appartement et que j'entame des démarches pour trouver du travail auprès des agences de placement, comme infirmier. Au bout d'un moment, il enlève ses lunettes, se redresse le dos, et me lance un : « Y'a pu aucune raison de rester alors », ce à quoi je réponds : « Aucunement. »

Je me sens soulagé, et surtout, mieux préparé à faire face au tribunal et à tous les experts.

Un infirmier entre et prononce mon nom sur un ton alarmé; c'est déjà l'heure! Je m'empresse vers l'ascenseur, accompagné du Doc et quelques membres du personnel de l'unité. Les usagers me jettent un regard envieux au passage, mais leur tour viendra.

— Bonne chance, Danny, me lance la grosse Carole.

— Merci! Lâchez surtout pas.

Prise d'émotions, elle me jette un regard triste, comme si elle allait devoir affronter seule sa solitude. La porte se referme et je monte tranquillement vers l'étage, prêt à entendre le jugement du TAQ.

10

Malgré le temps frisquet en ce début de printemps, la rue Charest grouille de monde. Des manifestants s'attroupent sur la pelouse du parc Saint-Roch. Pancartes à la main, ils se préparent à braver la circulation et le mauvais temps, lançant des slogans anticapitalistes – – assez provocateurs — qui échauffent les esprits des citoyens, pressés de rentrer chez eux.

Je marche au travers de la foule, sans me soucier du brouhaha ni de la pluie qui s'abat soudainement en onde sur la ville, paralysée par les travaux routiers. Aux intersections, les voitures passent à fond de train sur le feu vert, sans éviter les flaques d'eau, et aspergent ainsi les piétons qui tentent de se protéger avec leur parapluie. Une course pour échapper aux intempéries s'enclenche, mais, contrairement aux autres, je ne cherche pas à y échapper. Car à présent, je me laisse bercer par les événements, conscient qu'ils font partie de mon destin. J'accepte les circonstances, atténuantes ou pas. Et plus rien ne peut me faire fuir.

Un quêteux traîne devant la bibliothèque Gabrielle-Roy. Le vieil Asiate soliloque dans une langue étrangère, très mélodieuse, qui ressemble au cantonais. Les cheveux ébouriffés, la longue barbe blanche, il remue la tête de gauche à droite, perdu dans un monde étrange auquel personne d'autre que lui n'a accès. Les gens l'ignorent lorsqu'il tend la main, apeurés par son étrange comportement. Il me lance une parole en cantonais lorsqu'à ses côtés, je croise son regard. Je tourne les talons et dépose trois pièces de deux dollars dans sa tasse. Il m'apparaît étonné; son visage ratatiné resplendit soudain d'un bonheur incroyable. « Bonne journée », lui lancé-je avant de continuer ma route. Il me répond d'un sourire édenté et pointe sa canne vers le ciel, comme s'il avait gagné un pari avec le créateur et mérité son attention, si précieuse.

Je suis subjugué par le charme du quartier Saint-Roch dans lequel j'habite actuellement. La rue Saint-Joseph, les gens, les commerces, l'église, les splendeurs du parc Victoria… tout est d'un charme grandiose depuis mon retour à la vie normale. Je me sens heureux comme jamais, habité par quelque chose de pur, comme si mon existence avait peut-être enfin droit à son sens. Ma conscience de l'impermanence de ce monde constamment tiraillé entre les forces du bien et du mal m'incite à profiter du miracle de la vie. Maintenant, chaque moment compte, comme le dernier. Maintenant, je réalise que le sort de tout un chacun est influencé par le karma… et bien plus encore!

Je rentre chez moi. J'enlève mes souliers, ma casquette, mon linge trempés et sors tout de suite mon sarrau blanc du placard que je dépose sur le fauteuil du salon. L'odeur des poubelles empeste la place, désordonnée, mais je n'ai pas le temps! Je me fais bousculer par les chiffres qui dictent le rythme de nos vies, toujours à courir en tous sens. Du moins, je me suis relevé de cet état de langueur dans laquelle j'étais plongé; mon séjour chez les fous s'est donc révélé bénéfique.

Jamais je n'aurais pu espérer revenir sur terre de telle façon. J'ai repris une totale confiance en moi, de quoi être fier.

Une douche rapide, suivit d'un repas congelé au four micro-ondes, et je claque la porte.

« *Got to roll!* »

Dans le stationnement — derrière mon bloc appartement —, une bande de jeunes s'amuse à sauter la chaîne de trottoir en rouli-roulant. L'un d'eux m'aperçoit et me pointe du doigt, l'air étonné, comme s'il disait : « Regardez! C'est lui les mecs! » Ils s'approchent timidement et demandent : « Elle est à vous, Monsieur? » Je leur souris tandis que je passe la main sur la carrosserie rouge luisante de mon bolide, faisant l'envie de ces nouveaux immigrants, qui, de toute évidence, rêvent déjà de se vautrer dans le luxe matériel. « Quand on y croit vraiment, tout devient possible », lancé-je spontanément avant de m'installer derrière le volant, en retard pour le travail. Ils s'entassent tout autour du capot et grouillent d'excitation lorsque je démarre d'un puissant ROAAAR! La mère de l'un d'entre eux crie de son balcon une série de mots qui va les faire reculer. J'embraye aussitôt et fais grincer les pneus en tournant quelques tours, jusqu'à ce qu'un épais nuage de fumée monte en l'air, et quitte sous les cris déchaînés de mes jeunes admirateurs.

Sur l'autoroute de la Capitale, les voitures se faufilent d'une voie à l'autre, se disputant le moindre mètre d'espace disponible. Impossible d'échapper au trafic. Il n'est pas long que je me retrouve immobile, collé contre le pare-chocs d'un camion lourd duquel les tuyaux d'échappement soufflent une vapeur noire, irrespirable. Je clignote à droite, là où les voitures commencent à se mouvoir, mais personne ne me laisse passer — l'empressement rendrait-il si égoïste? Ma patience est mise à rude épreuve. Ainsi, je tente une manœuvre risquée pour me sortir de ce bourbier, ce qui me vaut un coup de klaxon prolongé, assez humiliant. J'accélère pour créer de l'espace, mais le Dodge Ram me suit de très près, comme s'il voulait engager les hostilités. Lorsqu'il passe à ma gauche, il me fait un doigt d'honneur, accompagné d'un : « *fuck you* » bien perceptible sur ses lèvres. Son air de va-t-en-guerre me convainc d'éviter toutes répliques; ces abrutis-là n'en valent pas la peine. Oh non! De cette façon, je mets mon orgueil de côté et lui envoie la main, tout souriant. Par chance, il disparaît dans une bruyante accélération, traînant avec lui ce sentiment de rage, si néfaste, qu'il pourra déferler sur le reste de l'humanité.

Si j'en crois mon pressentiment, cette journée va me chambarder l'existence. Peut-être aurais-je mieux fait de rester chez moi?

Au CHUL, les places sont limitées. Une voiture sort d'entre les deux lignes jaunes, mais une autre vient aussitôt prendre place, et ainsi de suite, jusqu'à ce que je décide d'aller me garer dans la rue, à quelques coins plus loin. Je marche calmement, mais j'accélère vite le pas lorsque je constate l'heure : j'ai quinze minutes de retard! Si seulement j'avais trouvé une place de stationnement...

— Hey! Danny.

Cette voix familière m'extirpe de mes tracas.

Je me retourne tranquillement, et puis :

— Quoi, t'es rendue icitte?

Nous sommes tous deux bouche bée, nous fixant le sarrau vert pâle tels de curieux néophytes; le sien est beaucoup trop serré. Comme si elle niait avoir pris de la taille, elle se rentre le ventre et bombe le buste.

— J'ai recommencé la semaine passée. De retour dans le merveilleux monde hospitalier.
— Sérieux?
— *Dead sérious*! Ça t'en bouche un coin, hein?
— Tu dis!
— Et toi?
— J'ai recommencé aussi, depuis trois mois déjà.
— Tu parles...

Un instant de silence, et sitôt :

— Hey Marie, faut jaser.
— À propos de?
— De c'qui s'est passé l'été dernier.
— Écoute, ça fait quasiment un an déjà.
— Et alors, t'as déjà tout oublié?
— Euh...non!
— T'as jamais retourné mes appels, ni mes messages... Pourquoi?

Je sens une étrange réticence de sa part. Elle détourne mon regard et tente de changer de sujet, mais je lui répète les mêmes questions, sans réponses claires. Elle était trop préoccupée, trop angoissée et bien trop *stone* pour se souvenir de quoi que ce soit... Pourquoi fait-elle semblant de rien?

— Écoute, j'veux comprendre certains détails. Il s'est passé de bien drôles d'affaires pendant c'trip là. Et ma psychose n'explique sûrement pas tout.
— Tu veux faire la juste part des choses?
— Ben voilà!

Elle resserre la distance, de manière à vouloir me confier un secret, et puis :

— C'est vrai! Il s'est passé des trucs bizarres. Mais j'te rassure, t'as raison! Des gens ont tiré profit de ta maladie, pour faire… des saletés!
— Marie, dis-moi c'que j'sais pas. Qui ça?
— Pas ici. Pas maintenant.
— C'est Charles, hein? Il te surveille? C'est à cause de lui que j'ai perdu contact avec tout l'monde?

Son regard fait le tour d'horizon, comme si elle craignait que quelqu'un soit à l'affût de notre conversation.

— Oui!
— Criss de corrompu! Te rends-tu compte… C'est le diable ce gars-là. Tu devrais quitter la ville, te sauver très loin.
— Si seulement j'pouvais…

Elle m'écrit son nouveau numéro de téléphone sur un bout de papier et puis file ensuite vers sa voiture, d'un air préoccupé.

— Tu fais quoi là?

Aucune réponse.

— Pourquoi t'as changé d'numéro?

— Désolé, mais j'dois y'aller. Appelle-moi, j'vais t'aider à éclaircir les événements de cet été. J'te dois au moins ça, me dit-elle en s'éloignant.
— Quand?
— Demain soir.
— Attends un peu! Ça fait des mois que j'voulais t'voir. Marie! Au moins…

J'échappe le bout de papier au vent. Je le récupère et me lance à sa poursuite, mais c'est trop peu trop tard : elle démarre et puis disparaît dans le trafic du chemin St-Foy, me laissant dans un état d'incertitude des plus insoutenable.

Un climat de tension règne sur l'étage. Au poste de garde, mes collègues ont tous le visage long, comme déçus de mon arrivée tardive. Je les questionne au sujet du rapport que j'ai manqué, mais personne ne me répond; on fait fi de ma présence. Quelque chose ne va pas et je sens que ça me concerne.

« Il vient tout juste d'arriver », entends-je au loin.

La chef d'unité s'amène d'un pas marqué par l'empressement depuis son bureau. Mon cœur bat au rythme de ses talons hauts qui martèlent le plancher d'un insupportable TOTOC! TOTOC! TOTOC! Elle me fait des salutations empressées et demande aussitôt à me voir; pour une rencontre dit-elle, d'un air insouciant.

« J'arrive tout de suite, Mme Audet », réponds-je d'un ton obéissant.

De toute évidence, ça augure mal. Je marche nerveusement vers son bureau, à pas de tortue, à la manière d'un condamné à mort qui voudrait étirer ses derniers instants avant son exécution. Les renvois s'accumulent depuis deux semaines. Cette fois, serait-ce mon tour?

Devant sa porte entrouverte, je l'entends crayonner sur une feuille de papier.

Je toque.

« Asseyez-vous, M. Beaulieu. »

Elle me regarde durement, avec un éclair de colère dans les yeux.

— Mon Dieu, on dirait que j'passe devant un tribunal. Qu'ai-je donc fait?
— Bon! Puisque vous êtes aussi à l'aise, M. Beaulieu, j'vais aller droit au but. Votre probation se termine aujourd'hui même, et, compte tenu de vos nombreux retards, nous préférons ne pas vous garder. J'espère que vous comprenez?

Sur ses paroles, elle remonte ses lunettes pointues aux allures de bonne sœur. Un petit sourire arrogant se dessine sur ses vieilles lèvres ridées tandis qu'elle me remet l'évaluation. Je suis sans la moindre émotion. J'ai su dès ma première journée qu'elle me détestait et qu'elle ne voulait pas de moi ici.

— J'ai seulement eu deux retards en trois mois. Doit bien y avoir autre chose, non?

Elle est sans réplique. Je vois dans son regard une sorte de satisfaction. Mais son insouciance à l'égard de mon sort m'exaspère plus que de raison; quelle femme insensible!

— C'est tout?
— J'ai rien d'autre à ajouter, et vous?

Puisqu'elle me le demande :

— Savez-vous ce qui va me manquer le plus, Mme Audet?

Elle me fait un haussement d'épaules, la bouche en cul de poule.

— Les histoires qu'on raconte à votre sujet. Parce que, voyez-vous, chaque matin depuis trois mois j'entends parler d'vous. Paraît que depuis la mort de votre mari, vous vous amusez beaucoup. Des collègues vous ont vu pavaner avec ce jeune ado. Quel âge a-t-il? 15-16 ans? Mais là où ça devient vraiment dégoutant, c'est quand on parle de vos pratiques sexuelles, ce qui explique pourquoi vous allez à Bangkok chaque année. En plus d'être pédophile, car oui, les femmes aussi peuvent l'être, vous êtes une salope inavouée. Une vraie salope! Le genre qui fait du chantage pour obtenir ce qu'elle veut. Ce qui explique pourquoi tant de gens vous détestent ici, dont moi, bien évidemment. Mais ne vous en faites pas, je reste bouche cousue.

Elle m'apparaît dévastée parce qu'elle vient d'entendre, comme si, à sa grande surprise, les détails ne laissaient aucun doute : les gens sur l'unité savent tout sur elle.

— Et puis rien à foutre de ce poste. Vous pouvez vous le mettre où j'pense. Au revoir!

Elle est sans mot, ce qui me laisse, pour une dernière fois, la chance de lui lancer quelques insultes supplémentaires avant de claquer la porte VLAAAM!

Dans le couloir, c'est le silence. Je sens le malaise qui plane tout autour : mes collègues n'osent même pas me jeter un dernier regard. Je prends cependant un vilain plaisir à les saluer d'un air nonchalant, de manière à démontrer le je-m'en-foutisme qui m'habite.

« *You're just a bunch of little bitches, all of you*! » furent mes dernières paroles sur l'étage.

De retour à mon appartement, je m'empresse de téléphoner à Marie. J'entends sa voix enjouée sur sa boîte vocale, mais ne laisse aucun message. Je recompose son numéro, encore et encore, et enfin, elle me répond.

— OUI! C'est quoi l'urgence?
— Marie, faut c'voir… maintenant!
— J'suis occupé là, j'dois faire des courses.
— J'viens d'être renvoyé! Cette salope de chef d'unité, une vraie hypocrite…
— Sérieux?
— Ben sérieux!
— T'as fait quoi pour ça?
— On s'en crisse! Y'a plus important pour moi, pis tu sais c'que j'veux dire. J'peux pu attendre. J'ai les idées noires en c'moment, tu comprends?
— Ouf! J'te rejoins où?
— Chez moi, au 800 rue du Roi.
— J'suis là dans vingt minutes. Bye!
— Attends! Jure-moi qu'tu vas venir.
— Toi, ça va vraiment pas.

Elle marque une pause, comme si elle hésitait à faire se serment, et enfin :

— J't'le jure que j'vais être là… au nom d'notre amitié.
— OK, c'est bon. Merci!

Lorsque je raccroche le téléphone, mes mains se mettent à trembler, comme tout le reste du corps. Je sais que Marie va m'avouer des trucs un peu débiles qui, je l'espère, éclairciront certains mystères. Car, plus que jamais, j'ai besoin de faire la lumière sur notre aventure, sans quoi, ma guérison ne sera jamais complète. Je suis prêt à faire face à la vérité, aussi dérangeante soit-elle.

L'anxiété me pèse; je n'avais pas ressenti ce mal-être existentiel depuis un bon moment déjà. Je regarde nerveusement à l'extérieur par la fenêtre de mon salon, ennuyeux et mal éclairé. Tout est toujours aussi agité dans ce quartier où le conflit prend place, presqu'à chaque nuit : des engueulades amoureuses, des bagarres, la police, les ambulances… Mais jusqu'à un certain point, ce désordre m'aide à me retrouver. J'aime ce monde de voyous, ces gens pauvres et captivants aux histoires abracadabrantes, tiraillés entre le génie et la folie. Quelque part, je sens que nous souffrons un peu tous de la même solitude ici-bas (basse-ville), qu'une espèce de proximité lie nos destins moroses, peut-être bien pour atténuer la douleur.

Misère! Quand je pense que j'ai déjà habité près du Château Frontenac, dans le luxe, et qu'il m'est arrivé de mépriser les plus pauvres…

Une voiture se stationne dans la rue, juste en face. Je regarde. La voilà, déjà! Je lui fais signe depuis ma fenêtre. Elle claque la portière et puis s'amène d'un pas marqué par l'empressement.

Je lui ouvre avant même qu'elle ne toque.

— J'te sers quelque chose?
— J'ai besoin d'caféine.
— Bien sûr!
— Allez, reste pas là, entre!

Elle me prend dans ses bras.

— Danny, si tu savais…
— On a survécu… c'est c'qui compte, non?

Elle hoche la tête, les yeux empreints d'une profonde douleur. Je dépose ses affaires dans l'entrée et prépare sitôt le café. Nous le prenons dans la cuisine, minuscule, imprégnée de l'arôme de noisette qui émane de nos tasses.

Je ferme les stores, verrouille la porte, et, lorsque je reviens prendre place à table :

— Marie St-Pierre, raconte-moi tout.
— Attache-toi, ça va frapper fort.
— Parle!
— T'as été victime d'un complot.

Je me redresse sur ma chaise.

— Quel genre?
— T'as déjà entendu parler des opérations *Mr. Big*?
— Les guets-apens tendus par la GRC pour piéger des suspects?

— Oui voilà! Ben, c'est un peu ça qui t'est arrivé, mais de façon improvisée, et non officielle! Tu vois, même après toutes ces années, la police croit encore que t'as quelque chose à voir avec la disparition de Mathilde. Ils n'ont jamais lâché l'affaire! En gros, ils se sont arrangés avec les médecins de l'IUSMQ, et eux, avec le reste du personnel, pour te laisser filer, en pleine psychose. Tout ça en croyant que, dans ton état, tu pouvais retourner sur les lieux du crime, ou du moins, leur apporter de nouveaux indices.

— C'est drôle, mais j'en suis pas surpris. J'savais ben. J'étais pas si fou! Sauf que... y'a un problème là.

— Quoi?

— Comment t'as pu être au courant?

Je la sens nerveuse; elle détourne sans cesse le regard.

— J'étais dans l'coup!

— Quoi?

— Charles était responsable de l'opération, avec la collaboration des autres services policiers. À l'hosto, dès que t'as pris la fuite, ils ont contacté un paquet de monde. Des agents en civiles te suivaient, partout. Quand ils ont appris que tu partais avec Dean pour l'Abitibi, ils m'ont demandé mon aide, en échange d'une bonne somme d'argent. J'étais dans une bonne position pour vous tendre un piège, et ils le savaient. Une vieille amie qui réapparaît et qui vous propose d'aller à un chalet... c'était pour marcher!

Elle prend une grande gorgée de café et enchaîne :

— J'le pensais pas capable d'une telle cruauté, ça m'a choquée! Mais y'a pas juste lui. Y'a cette culture de répression astheure dans la SQ. Des vrais lâches!

Je revois la scène de la capture dans ma tête : les coups, les insultes, les menaces…

— Désolé, mais j'dois prendre ma médication. J'suis un peu agité là. Ça fait beaucoup à digérer en même temps.

Je prends mon activant et lui demande :

— Et pour la dope?
— C'était pas prévu qu'il nous pogne avec, mais ils ont décidés d'en profiter pour faire leur « passe ». Les salauds… C'était une façon de se venger. Ils ont vite compris que toute l'opération ne menait nulle part : pas d'indices sur Mathilde, rien! Juste une cavale entre amis.
— Ils nous ont enfermés dans se sous-sol lugubre, puant. C'était atroce! J'pensais qu'ils nous tueraient, Dean pis moé. C'est là qu'ils nous ont proposé un marcher, pour éviter de « tauler », comme il a si bien dit. Ensuite…
— Tu t'es réveillé dans un vieux camp de chasse, sur une île perdue.

Un moment de silence, et elle reprend :

— Tu sais, j'ai pensé vous avouer toute l'affaire en cour de route. Mais au lieu de tous vous alarmer, j'me suis dit : j'vais trouver un moyen créatif pour qu'on rebrousse chemin.
— OK! C'était donc pour ça ton histoire de rêve prémonitoire. Pensais-tu sérieusement que ça allait marcher?
— J'suis désolé, Dan. Ç'a déraillé! J'me serais pas prêtée au jeu s'ils m'avaient fait part de leurs réelles intentions. Jamais!
— Les autres étaient dans l'coup?
—Seulement Jeff.
— Le Tabarnack!
— C'est à cause de lui si Charles a su.

— Pour?
— Pour nos trips de cul.

De petits rires timides nous trahissent, car l'attirance, me semble-t-il, est toujours là.

— Tu sais quoi, dis-je spontanément, toi et moi, on est moulé l'un pour l'autre.
— C'est vrai!
— J'dirais même qu'on est comme deux machines à procréer. Une espèce avantagée par ce désir de faire de la vie une expérience remarquable.
— Beaulieu, t'as pas d'allures!
— J'voudrais t'haïr pour ta traîtrise, mais j'en suis incapable.

Je la prends par surprise en lui demandant :

— T'es retournée avec lui?
— Charles… Ben…

Elle redevient sérieuse.

— J'ai pas l'choix.
— Sinon quoi?
— Sinon, j'vais avoir du trouble. Un gros paquet.
— Y'a sûrement un moyen d'mettre fin à ça. J'veux dire…
— On peut rien faire pour l'arrêter, ni lui ni personne. Croie-moi, j'ai pensé à toutes les options.
— La police fait ce qu'elle veut astheure, pas croyable!
— En ces temps de crise, oui! Fais-moi confiance. Le mieux à faire, c'est d'passer l'éponge.

Avec les nombreux *hackers* qui menacent le gouvernement, les étudiants, les immigrants, les Amérindiens et les souverainistes qui se déchaînent en même temps, il est bien vrai que nous sommes à l'aube d'une révolte sociale. Les manifs tournent toujours au drame : blessés, arrestations massives, bris, incendies… De plus, les gangs de rues font couler le sang comme jamais. La tendance est à la violence, partout, du jamais vu depuis l'époque du FLQ. Le ministère de la Sécurité publique en a plein les bras et ferme les yeux sur les abus de pouvoir, même sur les cas aussi excessifs que le mien.

Au bout d'un moment, Marie me convainc de ne rien tenter pour me venger, même si j'en avais fait la promesse. Impossible d'insister; elle a le dernier mot. Je la fixe un moment, pensant à ces doux moments que nous avons eus. Elle me magnétise toujours autant, même avec ses rondeurs.

— Tu devrais te compter chanceux. Malgré tout, t'es pas en prison! Normalement, y'aurait eu aucune entente possible. Et puis, t'as reçu de l'argent.
— Quand même… J'suis pas certain qu'ils vont nous laisser tranquilles. Tu sais quoi?
— Quoi?
— On devrait aller voir Dean et Roxanne, à Montréal.
— Ça changerait quoi? C'est terminer cette histoire-là. Faut passer à autre chose. Oublie-les! Oublie tout!

Sa réaction me laisse présager le pire. Elle sait quelque chose à leur sujet que j'ignore encore. J'insiste pour qu'elle m'en dise plus, mais elle détourne habilement mes questions.

— J'te connais trop, Marie St-Pierre, tu me caches quelque chose. Qu'est-il arrivé à Dean pis Roxanne?

— Ça fait beaucoup pour aujourd'hui. J'te raconte le reste… une autre fois.
— Quoi? Comment ça? Tu viens à peine d'arriver.

Elle se lève subitement, prête à partir. Mais lorsqu'elle enfile son manteau et franchit le portique, je lui agrippe un bras.

— Attends! Dis-moi au moins qu'ils sont tirés d'affaire. Ce sont mes amis. Marie, j'dois savoir!

Je vois une profonde tristesse dans son regard, mais elle n'a pas le choix, car j'insisterai tant qu'elle ne crachera pas le morceau. La mauvaise nouvelle serait-elle si grave?

— Je voulais attendre avant de t'annoncer ça.
— Ils sont en prison, c'est ça?
— Ça concerne Dean.
— Alors?
— Il est mort.

J'éclate d'un fou rire, et ajoute :

— Invraisemblable! Des gars comme Dean, c'est pas tuable! Et pis qui oserait s'en prendre à lui, hein?
— Personne, sauf lui-même.
— Il ne s'est quand même pas…
— Oui, il s'est suicidé! J'suis vraiment désolé.

Je m'accroche aux questions, refusant d'accepter le drame.

— Quoi! Quand ça?
— La semaine passée, dans son appartement.

— J'y crois pas! Tu *bluffes*. J'sais pas pourquoi tu m'fais ça, mais tu…

Elle sort la page nécrologique du Journal de Montréal. Je la prends, les mains tremblantes et le cœur battant fort. Sa photo est bel et bien là. La nouvelle me frappe tel un boulet de canon. Je voudrais d'abord crier de rage, mais il n'est pas long qu'une profonde mélancolie m'envahit l'âme tout entière. J'éclate en sanglots et tombe à genoux devant la porte, plongé dans la plus profonde désolation. Je ne vivrai plus jamais d'aventures avec ce fidèle voyou. Déjà, ça présence me manque. Fichu Dean! Suis-je damné pour l'affection fraternelle éprouvée envers toi?

11

Il y a déjà deux ans que Dean nous a quittés. Comme l'année passée, Marie vient me rejoindre chez moi, au même endroit. Nous nous remémorons les souvenirs qui nous habitent encore, passant d'une anecdote à une autre, et ce, tout en buvant à sa mémoire.

Il a fallu quelque temps avant que je m'en remettre; je n'arrivais pas à y croire! Pour moi, Dean était invincible. Je l'imaginais immunisé contre la désolation, protégé par une force cosmique. Néanmoins, il s'est avéré que le grand dur à cuire était plus fragile qu'il ne paraissait. En vrai, il ne s'était jamais remis du suicide de son ex-copine, ni de l'échec de sa carrière de boxeur qu'il chérissait tant. Depuis ce jour, il traîna une douleur intérieure qui le rendait vulnérable en amour.

Je savais dès le début qu'il avait le béguin pour Roxanne, c'était clair! Mais ce que j'ignorais, c'est qu'ils ont finalement formé un couple; ils ont habité un appartement dans le Mille end à Montréal. Le soir, elle dansait, et lui travaillait pour son oncle qu'il aidait avec ses « affaires ». Dean la gâtait telle une vraie princesse, lui achetant de somptueux vêtements, des souliers, des bijoux... Elle ne se questionnait pas trop, puisqu'elle était charmée par tant d'attention; c'était la première fois qu'un homme était aussi démonstratif avec elle. Il lui racontait fièrement qu'il travaillait pour des gens importants, des « gangsters de classe » s'amusait-il à dire. Elle ne sut jamais de quoi exactement il était question, hormis qu'il s'agissait d'activités illicites entourant la drogue — rien d'étonnant! Au début, ça ne lui causait pas de problèmes. Dean n'était pas un ange, et elle le savait. Toutefois, il sut se faire discret pour mener sa vie de malfrat, sans jamais attirer les moindres soupçons dans leur entourage sur ses activités criminelles. Mais le jour où les appels de gens louches ont commencé à la réveiller, nuit après nuit, elle comprit qu'elle ne pourrait pas changer de vie en étant avec lui.

Roxanne en avait assez de mener cette existence malsaine de danseuse nue. Elle voulait redevenir *clean*, avoir une vie rangée, un travail, des vacances, un condo, une moto... Elle finit par faire le deuil de la mort de sa fille. Et, avec tout le courage qui lui restait, elle s'inscrit ensuite en service social à l'UQAM, ce dont elle rêvait depuis bien longtemps. Fini la vie de danseuse! Toutefois, pour réussir ses études et atteindre son idéal, elle devait faire un sacrifice : Quitter Dean. Attaché à Roxanne comme celle qu'il considérait comme la seule femme capable de le comprendre, il ne put jamais s'en remettre. Cette rupture l'anéantit et le plongea pour de bon dans les ténèbres. Après une consommation excessive et en misant gros au poker, il croula sous les dettes... de sérieuses dettes qui mirent sa vie en jeu. Ainsi, sans Roxanne, sans honorabilité, sans plans sérieux pour l'avenir et sans le moindre sou, il mit fin à ses jours de la même manière que son ex-copine : par pendaison. Le drame l'a tellement affectée qu'elle prit congé de l'université, au risque de ne jamais y retourner.

— Il me manque, terriblement.
— À moi aussi.

Un moment de silence, et puis :

— Si on tentait de la rejoindre.
— Pas encore! Faut lui laisser le temps. Elle va nous faire signe quand elle sera prête.

Depuis la mort de notre cher voyou, Roxanne a passé par plusieurs thérapies, plus ou moins fructueuses. Elle est toujours envahie par ce sentiment de culpabilité, et, en conséquence, elle a décidé de partir pour un long voyage, en Chine! En cavale depuis un an et demi, nous n'avons toujours pas reçu de nouvelles. Je sais pertinemment qu'elle tient à retrouver Mathilde, histoire de se déculpabiliser, et ce, même si elle me l'a niée avant son départ. Je voyais toute la tristesse derrière ses yeux lorsque nous sommes allés la reconduire à l'aéroport. Elle balbutia un « au revoir » et disparu au plus vite dans le tohu-bohu, ce qui nous avaient laissé muets, tout au long du trajet de retour.

— Pauvre Roxy. Elle venait à peine de faire le deuil de sa fille.
— C'est ça la vie, Marie. Une salope qui nous laisse aucune chance.

Elle qui ne connaissait que l'adversité depuis les dernières années n'a jamais abandonné. Ses nombreuses plaintes pour violence conjugale et ses démarches auprès d'un avocat ont porté leurs fruits. La voilà aujourd'hui libérée de Charles qui, à notre grand soulagement, est tombé gravement malade d'un cancer. Il n'est plus un danger pour personne, sauf peut-être pour ceux et celles qui devront l'accueillir de l'autre côté; il n'a plus que quelques mois à vivre! Depuis la nouvelle, j'ai l'assurance qu'une justice céleste règne quelque part dans l'univers — de plus en plus vaste — où s'orchestre le merveilleux phénomène du karma. Maintenant, je peux oublier. Maintenant, je suis délivré de ce désir si néfaste qu'est la vengeance.

— J'me demande si ça serait pareil… J'veux dire, depuis sa mort, on s'est grandement rapproché de l'un l'autre, non?

Elle acquiesce d'un signe de tête à mon propos.

— J'aime penser qu'il veille sur nous de là-haut. Qu'il va aider Roxy à retrouver Mathilde.
— T'inquiètes! J'ai confiance qu'elle va la retrouver.
— Tu crois?
— Patience mon ami… patience! Laisse le destin faire son œuvre. Tu verras!

Marie me fait des yeux doux, empreints d'un véritable espoir. Ils me convainquent d'un miracle à venir, qu'il n'est qu'une question de temps avant un premier contact; Roxanne va finir par nous téléphoner. J'attends ce moment, comme un signe du ciel, confiant de vivre heureux pour le reste de mes jours, sans regrets ni remords, peu importe le dénouement de ce voyage.

Le temps... L'ennemie numéro un, le vrai! Une série de numéros auquel s'attache le sens que l'on veut bien. L'existence est quelque chose de précieux. Par le pouvoir de l'amour, celle-ci devient assurément plus censée. Car celui qui n'a jamais aimé n'a jamais vraiment existé.

À suivre…

Remerciements

À Dianne Marinelli-Drouin, pour son aide à la correction, mais surtout, pour ses encouragements dont j'avais grandement besoin.

À Julie Pelletier, pour sa critique et son aide à la correction.

À David Mercier, de SMASH-PC, pour la page couverture et son aide à la manipulation technologique.

Et à tous ceux qui ont cru en mon potentiel.